Luan Ferr

Le Déisme
De la Philosophie à la Spiritualité

BOOKLAS
PUBLISHING

Droits d'auteur
Titre original : **Le déisme : de la philosophie à la spiritualité**
Copyright © 2023, publié en 2024 par Luiz Antonio dos Santos ME.

Ce livre examine les origines et le développement de la philosophie déiste, en abordant le rôle de la raison, de l'observation de la nature et de la spiritualité dans la quête de la compréhension du divin. Il offre une perspective historique et philosophique sur la façon dont le déisme a influencé la pensée religieuse et scientifique, sans promouvoir de doctrines ou de pratiques spécifiques.

Deuxième édition
Équipe de production de la deuxième édition
Auteur : Luan Ferr
Relectrice : Virginia Moreira dos Santos
Conception graphique et mise en page : Arthur Mendes da Costa
Couverture : Anderson Casagrande Neto
Traduction : Anselmo Amaral

Publication et identification
Le déisme / Par Luan Ferr
Éditions Booklas, 2024
Catégories : Philosophie / Religion / Corps, âme et esprit
DDC : 211 - **CDU :** 141.6

Avis de droit d'auteur
Tous droits réservés à :
Éditions Booklas / Luiz Antonio dos Santos ME

Ce livre ne peut être reproduit, distribué ou transmis, en tout ou en partie, par quelque moyen que ce soit, électronique ou imprimé, sans le consentement exprès du détenteur des droits d'auteur.

Table des Matières

Marcel Dubois 4
Luan Ferr 7
Chapitre 1 La Découverte du Déisme 8
Chapitre 2 L'éveil de la Raison 14
Chapitre 3 Les Fondements de la Raison Déiste 18
Chapitre 4 Les Origines de la Philosophie Déiste 25
Chapitre 5 L'univers Comme un Livre Ouvert 30
Chapitre 6 Dieu Créateur et Observateur 33
Chapitre 7 La Vision Déiste de Dieu 40
Chapitre 8 La Nature Comme Révélation Divine 48
Chapitre 9 La Raison Comme Guide Dans L'exploration du Cosmos 58
Chapitre 10 La Liberté Intellectuelle Dans le Déisme 67
Chapitre 11 La Recherche Continue de la Vérité Divine 76
Chapitre 12 La Synthèse de la Raison Déiste 81
Chapitre 13 La Science, Alliée de la Recherche du Divin 86
Chapitre 14 La Vision Déiste de Dieu 95
Chapitre 15 L'évolution des Représentations de Dieu 101
Chapitre 16 L'évolution des Représentations de Dieu 109
Chapitre 17 L'universalité de la Recherche de Dieu 118
Chapitre 18 Comprendre Dieu à L'ère Moderne 127
Chapitre 19 L'humanité et la Recherche de Dieu 136
Chapitre 20 Dieu, Expression du Mystère Universel 144
Chapitre 21 La Philosophie Déiste en Pratique 154

Chapitre 22 Dieu Au-delà de L'espace et du Temps 162
Chapitre 23 La Nature de L'âme Dans le Déisme 169
Chapitre 24 Contribution à L'histoire de L'humanité 173
Chapitre 25 Déistes Célèbres 179
Remerciements 184

Marcel Dubois

Le livre que nous présentons est le résultat d'un entretien que notre équipe de recherche a mené avec un maître déiste appelé Marcel Dubois. Marcel vit dans un petit village de la campagne française, près du château de Bonaguil, une forteresse médiévale du XVe siècle située sur la commune de Saint-Front-sur-Lémance, dans le département du Lot-et-Garonne, en région Nouvelle-Aquitaine, dans le sud-ouest de la France.

Marcel nous accueille dans sa maison, une vieille bâtisse en pierre entourée d'un jardin fleuri. En entrant dans la maison, nous sommes immédiatement enveloppés par une atmosphère chaleureuse et enrichissante. La pièce où se déroule l'entretien est sa bibliothèque personnelle, un espace où les étagères en chêne foncé s'étendent du sol au plafond et sont remplies de livres anciens, certains avec des détails dorés. Le bois des étagères dégage une douce odeur, semblant évoquer la sagesse accumulée dans les pages de ces nombreux livres.

Sur les murs qui ne sont pas tapissés d'étagères, des peintures de paysages naturels et des portraits de personnages philosophiques ornent la pièce. Une peinture à l'huile représentant le magnifique paysage qui entoure son village crée un sentiment de connexion avec la nature. Un autre tableau, une gravure en noir et blanc de Voltaire, le penseur des Lumières, semble observer silencieusement la conversation en cours.

Marcel Dubois, le maître déiste, est habillé de manière simple et élégante. Il porte une chemise blanche en lin, d'aspect ajusté, associée à un pantalon noir en laine et à un gilet bleu marine. Ses cheveux gris sont impeccablement peignés et ses yeux clairs rayonnent de tranquillité et de sagesse.

Pendant l'entretien, Marcel nous offre du thé à la camomille, servi dans de délicates tasses en porcelaine ornées de fleurs bleues. Le thé dégage un arôme réconfortant, qui se mêle à l'odeur des vieux livres. La température ambiante est douce, typique de l'automne, et une cheminée brûle dans un coin de la pièce, apportant une douce chaleur qui contraste avec la fraîcheur extérieure.

Ce cadre, plein d'éléments qui évoquent la nature, l'érudition et la contemplation, a fourni l'environnement parfait pour la conversation avec Marcel Dubois sur sa foi, sa vision du monde et ses enseignements.

Luan Ferr

Sans la raison, Dieu n'existerait pas, car c'est par la raison que l'esprit s'élève à l'intuition de ce qui transcende sa propre nature, la raison étant à la fois l'instrument et le réceptacle de ce qu'elle recherche. Cependant, Dieu, étant l'essence même de la raison, reste au-delà des limites de l'entendement. Paradoxalement, ce n'est qu'en exerçant la raison que nous concevons le divin, reconnaissant que comprendre Dieu, c'est finalement embrasser le mystère d'une raison qui dépasse la raison elle-même, la raison étant, comme Dieu lui-même, le commencement et la fin de toutes choses.

Luan Ferr

Chapitre 1
La Découverte du Déisme

Marcel Dubois était un jeune médecin de la ville d'Avignon, en France, lorsque des doutes sur les conceptions conventionnelles de Dieu ont commencé à le hanter. Il a grandi dans une famille pieuse, fréquentant régulièrement l'église et découvrant un Dieu présenté comme une figure paternelle et interventionniste aux caractéristiques humaines. Lorsqu'il a étudié la médecine et qu'il a vu des gens souffrir, l'image traditionnelle de Dieu a commencé à lui sembler inadéquate.

Marcel a vu des gens souffrir de maladies incurables, des enfants naître avec des handicaps et une disparité croissante entre les riches et les pauvres. Il a commencé à se demander comment un Dieu bienveillant pouvait permettre de telles souffrances et inégalités.

Ses doutes grandissant, Marcel s'est tourné vers les écritures religieuses conventionnelles pour trouver des réponses, mais en lisant les textes sacrés, il est tombé sur des descriptions d'un Dieu qui l'ont laissé encore plus perplexe. Dans ces scénarios, Dieu est souvent dépeint comme un être anthropomorphique, doté de caractéristiques, d'émotions et même de préférences humaines. Cette représentation de Dieu comme une figure humaine lui semblait trop simpliste.

La première réaction rationnelle de Marcel après avoir consulté les Écritures a été de conclure que Dieu n'existait pas, et c'est alors que quelque chose en lui a refusé d'adopter une telle perspective. Ses doutes et son désenchantement l'ont conduit à rechercher une compréhension plus profonde et plus personnelle de Dieu. Il aspire à un lien spirituel qui ne soit pas limité par des dogmes religieux ou des représentations simplistes.

En poursuivant sa quête d'une compréhension plus profonde de Dieu, Marcel Dubois s'est retrouvé immergé dans un océan de philosophies religieuses et spirituelles. Il a étudié les traditions religieuses du monde, exploré la théologie de différentes cultures et lu abondamment sur la philosophie. Marcel voulait trouver un Dieu compatible avec son intuition, porteur d'une puissance supérieure qui transcende les limites humaines.

Cependant, Marcel n'a pas encore trouvé de philosophie qui réponde à toutes ses questions. Il s'interroge sur le but de l'existence, le sens de la vie et le sort de l'âme après la mort. Ses recherches l'ont amené à remettre en question les religions organisées qui n'avaient pas les réponses ; il y avait de la place en lui pour une compréhension plus large et plus libre de Dieu.

Marcel a commencé à explorer les travaux des philosophes qui remettaient en question les conceptions traditionnelles de Dieu. Il est intrigué par les arguments des penseurs qui considèrent Dieu comme une force impersonnelle, une énergie qui imprègne le cosmos. Ces idées l'ont amené à se demander si la divinité pouvait être plus qu'une entité dotée d'une volonté propre, mais une présence universelle fonctionnant selon des lois naturelles.

Au fur et à mesure qu'il se plongeait dans ses recherches, Marcel a eu le sentiment que le déisme, une philosophie qui met l'accent sur la croyance en un Dieu transcendant, non interventionniste et immanent à l'univers, correspondait davantage à sa vision personnelle. Le déisme semblait offrir la liberté d'explorer et de développer sa propre compréhension de Dieu, sans les restrictions des doctrines religieuses conventionnelles.

À ce stade de son parcours, Marcel commence à formuler ses propres théories sur la spiritualité et Dieu.

L'agitation de l'âme de Marcel Dubois ne cesse de croître au fur et à mesure qu'il s'enfonce dans sa recherche. Ses conversations avec des théologiens, la lecture de textes sacrés et l'exploration de différents courants spirituels ne font qu'accroître son désir de mieux comprendre le divin.

Parfois, Marcel se demande si l'humanité n'a pas projeté ses propres faiblesses et imperfections sur sa conception de Dieu. Cela l'a amené à envisager la possibilité que la véritable nature de Dieu soit très différente, quelque chose qui dépasse l'entendement humain et qui est extérieur aux religions établies. Il estimait que la divinité ne pouvait être réduite à une simple figure dotée de caractéristiques humaines.

La vision d'un Dieu qui n'intervient pas directement dans les affaires humaines, mais qui établit les lois naturelles qui régissent l'univers, commençait à avoir plus de sens. Il voyait Dieu comme le Créateur et le Mainteneur du cosmos, dont les lois universelles permettaient à la vie d'exister et d'évoluer. Cette vision rendait non seulement Dieu plus impartial, mais aussi la compréhension divine plus accessible.

Il s'interroge sur le but de la vie et sur le sort de l'âme après la mort, des questions qui continuent de le troubler.

Alors que Marcel Dubois progresse dans sa quête d'une compréhension plus claire de Dieu, il se trouve à la croisée des chemins. Ses doutes persistants à l'égard des religions conventionnelles et ses convictions croissantes sur la nature divine le plongent dans une profonde réflexion.

C'est par un après-midi pluvieux, alors qu'il explore sa vaste collection de livres, qu'il fait une rencontre qui va changer le cours de son histoire. Parmi les nombreux volumes poussiéreux qui composent sa vaste bibliothèque, il découvre un ancien traité sur le déisme, écrit par un philosophe du XVIIIe siècle.

La simplicité et la clarté du texte contenu dans le livre ont profondément touché Marcel. Il voit dans le déisme la réponse à toutes les questions. C'était la philosophie qui réconciliait sa recherche de la vérité avec sa compréhension d'un Dieu supérieur.

Dans les jours qui ont suivi, Marcel s'est plongé dans la lecture et l'étude du déisme, découvrant que cette philosophie avait été adoptée par de nombreux grands penseurs de l'histoire qui voyaient dans le déisme le seul moyen d'harmoniser la raison et la spiritualité, leur permettant d'explorer les questions divines sans se soumettre au dogme religieux.

Un lien profond s'est établi avec cette tradition de pensée. Marcel s'est rendu compte que le déisme n'embrassait pas seulement sa croyance en un Dieu transcendant et immanent, mais qu'il encourageait également la recherche constante de la vérité par la raison et l'observation du monde naturel. C'était une philosophie qui permettait à leur foi de s'épanouir sans les restrictions des interprétations religieuses traditionnelles et, ce qui est très important, l'histoire du déisme n'était pas entachée.

La découverte du déisme a été un moment de clarté spirituelle. Marcel a commencé à adhérer pleinement à cette philosophie, non seulement comme une réponse à ses propres questions, mais aussi comme un moyen de partager sa compréhension du divin avec les autres. C'est à ce moment-là que son cheminement spirituel l'a fait passer du statut de chercheur à celui de défenseur du déisme, puis à celui de maître déiste.

C'est ainsi que Marcel Dubois a trouvé sa raison d'être : diffuser les principes du déisme, inciter les autres à remettre en question les conceptions conventionnelles de Dieu et guider ceux qui recherchent une compréhension plus profonde de l'Être divin. Son voyage de transformation spirituelle n'a pas seulement changé sa vie, il a aussi façonné le destin de beaucoup de ceux qui partageaient sa sagesse et sa vision de Dieu. Et tandis qu'il continuait à explorer les complexités de la spiritualité et de l'existence, l'héritage de Marcel en tant que maître déiste a continué à se développer, offrant lumière et inspiration à ceux qui cherchent des réponses à leurs propres questions sur Dieu et le sens de la vie.

Chapitre 2
L'éveil de la Raison

Il y a bien longtemps, alors que les êtres humains cherchaient des réponses aux questions entourant leur propre existence, un groupe de penseurs à l'esprit vif s'est embarqué dans un voyage intellectuel qui, au fil du temps, s'est transformé en une philosophie profondément respectueuse de la raison et de l'observation.

Alors que les religions institutionnelles régnaient en maître, dictant la vie des individus par le biais de rituels et de dogmes, des murmures dissidents ont commencé à émerger, des interrogations qui osaient remettre en cause les explications simplistes.

L'avènement du déisme, issu des fondements des penseurs de la Renaissance et des esprits vifs de la révolution scientifique, est une réponse à ces murmures dissidents. Au fur et à mesure des découvertes et des progrès en astronomie, en physique et en biologie, ces âmes courageuses ont commencé à discerner un modèle intrigant qui émergeait sous leurs yeux.

Historiquement, ce n'est pas une simple contemplation de divinités lointaines que ces premiers philosophes ont observée lorsqu'ils ont porté leur regard vers le ciel nocturne. Ils percevaient plutôt une harmonie incontestable, comme une chorégraphie céleste, dans laquelle les étoiles et les planètes jouaient des rôles précis. Chaque orbite proclame silencieusement l'harmonie cosmique.

Ils se sont penchés sur la complexité intrinsèque de la nature et ont observé l'invariabilité des phénomènes naturels. Les saisons suivent leur cours avec régularité, les rivières coulent en obéissant aux lois de la physique, et la vie se déroule selon des schémas qui défient le hasard. De cette observation minutieuse est née une question fondamentale : « La nature est-elle elle-même le véhicule par lequel Dieu se révèle ? »

C'est ainsi que les ancêtres déistes, pionniers de cette philosophie, ont remis en question les récits traditionnels et proposé une compréhension plus profonde de la divinité. Pour eux, Dieu n'était pas un souverain céleste despotique qui gouvernait par des punitions et des récompenses, mais un Créateur qui avait doté l'humanité d'un don précieux : la raison.

Le déisme est une philosophie qui met l'accent sur la raison en tant qu'instrument de connaissance et de connexion avec la transcendance. La raison est conçue comme une luminescence divine, présente en chaque être humain comme un don sacré. Cette lumière facultative favorise la recherche de la connaissance et l'appréhension du réseau complexe qui constitue le monde qui nous entoure. Dans le déisme, cette luminescence est perçue comme un lien direct avec le Créateur, une étincelle qui guide la recherche d'une compréhension du divin.

Le déisme encourage donc la recherche, l'investigation et l'exploration. Il estime que la vérité est révélée par des analyses minutieuses et une réflexion approfondie.

Contrairement aux religions qui exigent une foi aveugle, le déisme s'appuie sur la raison comme boussole qui guide le voyage vers la vérité.

Le déisme est donc une invitation à la contemplation révérencieuse, reconnaissant le grand ordre qui imprègne l'univers. Les déistes interprètent les phénomènes naturels comme des manifestations de la sagacité divine. Ils ne voient pas Dieu comme un tyran céleste, mais plutôt comme le Créateur qui offre à l'humanité le don de la liberté intellectuelle. Ainsi, les êtres humains sont libres d'explorer la vérité et de forger leur propre compréhension du divin en fonction de leur quête personnelle.

Le déisme favorise le dépassement des limites de l'interprétation littérale des écritures, au profit d'une compréhension plus profonde et plus éclairée de la divinité. C'est une philosophie qui encourage l'exploration de la nature et de Dieu par une observation perspicace du monde naturel et une réflexion approfondie.

Chapitre 3
Les Fondements de la Raison Déiste

Il est essentiel de comprendre que la raison est la lumière qui nous guide dans les ténèbres. C'est la flamme qui nous pousse à chercher des réponses aux questions profondes qui imprègnent l'existence. Sans la raison, nous serions perdus dans l'immensité de l'inconnu, incapables de déchiffrer les mystères de l'univers et de Dieu. Sans la raison, la race humaine aurait disparu ou vivrait encore dans des grottes.

Dans le déisme, la raison est le fondement qui nous permet de comprendre Dieu en observant attentivement le monde qui nous entoure. Elle peut être considérée comme la clé qui ouvre les secrets de la création. Lorsque nous contemplons la complexité de la nature, lorsque nous observons les lois qui régissent l'univers, nous sommes amenés à apprécier profondément l'intelligence divine qui imprègne tout.

C'est comme si la raison était une loupe qui nous permet de voir des détails invisibles à l'œil nu. Elle nous permet de percevoir l'ordre et l'harmonie qui se cachent derrière l'apparence chaotique de la vie. C'est par la raison que nous commençons à reconnaître que l'univers n'est pas le fruit du hasard, mais le résultat d'un esprit créatif et intelligent.

La raison est le germe de la compréhension de Dieu, le point de départ du voyage spirituel. Elle nous permet de remettre en question les dogmes et les croyances infondées, nous encourageant à explorer le monde naturel avec un regard critique et un esprit ouvert. En cultivant notre capacité de raisonnement, nous commençons à voir dans la complexité de la création l'expression de la sagesse divine.

La raison, comme nous l'avons dit, est le phare qui nous guide dans notre exploration du divin. Elle va maintenant nous guider à travers l'univers infini, révélant comment nous, déistes, l'utilisons comme un outil crucial pour déchiffrer les modèles et l'ordre inhérents à la création.

En contemplant le cosmos, nous sommes immergés dans une immensité qui défie l'entendement. Des millions d'étoiles parsèment le ciel, les galaxies s'étendent à perte de vue et des phénomènes cosmiques inimaginables se produisent à des milliards d'années-lumière. Dans cet environnement, c'est la raison qui nous permet de commencer à comprendre cette grandeur.

Nous, et quand je dis nous, je parle des déistes, comprenons le cosmos comme la manifestation de l'intelligence divine. Chaque galaxie, chaque étoile et chaque planète jouent des rôles précis dans une danse cosmique orchestrée par un esprit créatif. C'est par la raison que nous commençons à discerner cette harmonie.

Imaginez que la raison est comme un puissant télescope qui nous permet d'observer des détails qui, autrement, resteraient invisibles. Elle nous permet d'étudier les lois naturelles qui régissent l'univers, telles que la gravité, la thermodynamique et la mécanique quantique, et d'y reconnaître la marque de l'intelligence divine.

Grâce à la raison, nous commençons à réaliser que le cosmos n'est pas un chaos aléatoire, mais une immense symphonie cosmique dans laquelle chaque élément joue son rôle selon des lois précises. L'observation attentive du cosmos nous amène à admirer l'ordre qui l'imprègne, comme si chaque étoile et chaque galaxie étaient les notes d'une partition écrite par Dieu.

Dans le voyage que nous entreprenons en tant qu'enseignants déistes, la raison apparaît comme un outil essentiel pour discerner la vérité divine et remettre en question les croyances aveugles qui obscurcissent souvent la compréhension.

Comme nous l'avons mentionné, des voix dissidentes se sont élevées pour refuser d'accepter des explications simplistes. Ici, la raison se pose en alliée dans la lutte contre la rigidité dogmatique. Nous considérons la raison comme l'antidote à l'acceptation passive de dogmes religieux inflexibles, qui ne servent souvent que des objectifs nobles.

En maniant la raison, nous sommes en mesure de remettre en question les récits qui nous ont été imposés, de contester les réponses prédéterminées et d'explorer l'inconnu avec courage intellectuel.

Les déistes ne se contentent pas d'explications superficielles. Ils s'efforcent de rechercher la vérité par une observation perspicace et une pensée critique. La raison est leur boussole, qui les guide dans leur voyage à la recherche de la vérité divine.

Face à des dogmes inflexibles, la raison nous invite à enquêter, à questionner et à explorer au-delà des limites imposées par des croyances aveugles. Elle nous permet de discerner la vérité par une observation attentive, nous permettant de faire la distinction entre la foi aveugle et la compréhension raisonnée.

Comme nous l'avons déjà mentionné, la raison est la lentille qui nous permet d'observer et de comprendre le monde, mais elle est également considérée comme le moyen d'établir un lien direct avec Dieu, car Dieu n'est connu qu'à travers la raison.

Pour comprendre ce lien, il faut considérer que, dans le déisme, Dieu est conçu comme le grand architecte de l'univers, celui qui a créé les lois naturelles qui régissent l'existence. La raison, quant à elle, est considérée comme une étincelle divine présente en chaque être humain, un don sacré qui nous permet de rechercher la connaissance et de comprendre la complexité du monde qui nous entoure. Sans la raison, nous ne serions que des animaux irrationnels.

La raison nous permet de franchir le gouffre qui sépare l'esprit humain de l'esprit de Dieu. Lorsque nous contemplons la nature et observons les lois qui régissent l'univers, nous accordons en quelque sorte notre esprit à l'esprit divin.

Nous pensons qu'en utilisant la raison pour comprendre le monde naturel, nous cherchons en quelque sorte à comprendre Dieu lui-même. Chaque découverte scientifique, chaque observation minutieuse de la nature est considérée comme un pas vers la compréhension de l'esprit créatif qui est à l'origine de la création.

Pour enrichir votre exploration du rôle de la raison dans le déisme, je vous invite à faire un bref voyage dans le temps, à l'époque médiévale où les dogmes religieux étaient incontestables et où la foi l'emportait indéniablement sur la raison.

Imaginez un instant un monde où les croyances religieuses sont régies par des doctrines rigides et inflexibles, où les dogmes sont acceptés sans discussion. Une époque où la pensée courante considérait souvent comme vrais des concepts qui nous paraissent absurdes aujourd'hui.

À cette époque, la Terre était largement considérée comme le centre de l'univers, le Soleil et les planètes tournant autour d'elle. Le cosmos, aussi mystérieux soit-il, était interprété selon les conceptions religieuses de l'époque. Les idées qui remettaient en cause cette vision, comme la notion d'un univers infini et en expansion constante ou la théorie selon laquelle la terre tournait autour du soleil et non l'inverse, étaient considérées comme hérétiques et extrêmement dangereuses.

Imaginez le défi que représente la vie dans un monde où la raison est souvent étouffée par l'autorité de la foi et des institutions religieuses. Comme il serait difficile de remettre en question les dogmes qui façonnent notre compréhension de l'univers et de l'existence.

Il est important de souligner que, tout au long de l'histoire, l'humanité a progressé grâce à la capacité inhérente de questionner, d'explorer l'inconnu et de remettre en question les explications simplistes. Grâce à la raison, nous nous sommes libérés des liens de l'ignorance dogmatique et avons entrepris un voyage intellectuel à la recherche de la vérité. Nous avons fait quelques progrès, mais le déisme nous invite à poursuivre le voyage, à réfléchir à l'importance fondamentale du questionnement, de l'enquête et de l'exploration, même lorsque le monde qui nous entoure s'obstine à accepter des explications fabriquées de toutes pièces.

Au fil de ce thème, nous explorerons en profondeur les principes du déisme et la manière dont la raison nous permet de comprendre Dieu et la complexité de l'existence. Je vous invite à garder l'esprit ouvert, à adopter la pensée critique et à avancer dans ce voyage avec courage intellectuel. Car, à l'instar des premiers déistes, nous sommes invités à rechercher la vérité divine par la raison et l'observation perspicace, même si cela implique de remettre en question les croyances qui nous ont été léguées.

Chapitre 4
Les Origines de la Philosophie Déiste

À la Renaissance, l'Europe a connu une renaissance culturelle et intellectuelle qui s'est répercutée à travers les âges, marquant profondément l'histoire de l'humanité. Cette période d'effervescence intellectuelle a été un phare pour les esprits curieux, qui ont commencé à remettre en question les conceptions traditionnelles qui avaient prévalu pendant des siècles.

Entre le XIVe et le XVIe siècle, le continent européen devient l'épicentre d'une révolution culturelle, où l'art, la science et la philosophie s'épanouissent comme jamais auparavant. C'est l'époque de la redécouverte des œuvres de l'Antiquité classique et de l'exploration de nouvelles frontières de la connaissance.

Dans cette renaissance culturelle, les penseurs de la Renaissance se sont tournés à la fois vers le passé et vers l'avenir. Ils se sont inspirés des idées de l'Antiquité grecque et romaine, tout en explorant les riches cultures de l'Orient. Animés d'une curiosité insatiable, ils remettent en question les interprétations religieuses traditionnelles qui ont façonné la société pendant des siècles.

C'est dans ce contexte que la philosophie humaniste s'est imposée. Les humanistes ont célébré la capacité intrinsèque de l'humanité à raisonner et à créer, estimant que les êtres humains jouent un rôle actif dans la recherche de la vérité. La raison est devenue le guide pour comprendre le monde et la spiritualité.

Des figures notables telles que Léonard de Vinci, qui a exploré le lien entre l'art et la science, et Nicolas Machiavel, qui a remis en question les conceptions traditionnelles du gouvernement et du pouvoir, ont émergé. Ces penseurs ont ouvert la voie à une vision plus ouverte et plus critique du monde, une vision qui, comme nous le verrons, influencera profondément le déisme.

La révolution scientifique, autre étape cruciale dans l'histoire de la pensée humaine, a apporté avec elle des avancées remarquables dans les domaines de l'astronomie, de la physique et de la biologie. Au cours de cette période d'effervescence intellectuelle, des esprits brillants tels que Copernic, Galilée et Johannes Kepler ont révolutionné la compréhension de l'univers.

Ces visionnaires ont jeté les bases de l'astronomie moderne en remettant en cause la vision géocentrique de l'univers et en affirmant que la Terre n'était pas le centre du cosmos, mais une simple petite planète en orbite autour du Soleil. Ses découvertes ont été radicalement novatrices, remettant en question les anciennes conceptions qui faisaient de l'homme le sommet de la création divine.

Dans le domaine de la physique, Isaac Newton est devenu une figure emblématique de la révolution scientifique. Sa théorie de la gravité et ses lois du mouvement ont fourni un cadre solide pour comprendre le fonctionnement de l'univers. Le pouvoir de la raison, associé à une observation méticuleuse et à une enquête critique, a été fondamental pour ses découvertes.

En biologie, des personnalités telles qu'Andreas Vesalius et William Harvey ont fait progresser la compréhension du corps humain et de la circulation sanguine par le biais d'études et d'expériences anatomiques. Au fur et à mesure que de nouvelles perspectives sur la vie et la nature étaient révélées, l'observation et l'expérimentation sont devenues les pierres angulaires de la recherche scientifique.

La révolution scientifique a non seulement remis en question les dogmes établis, mais elle a aussi élevé la raison au rang d'outil fondamental pour comprendre le monde naturel. Les pionniers de cette révolution ont démontré qu'une observation attentive et une enquête critique étaient essentielles à la recherche de la vérité. Ces principes ont trouvé un écho profond dans la philosophie déiste.

La remise en question des interprétations littérales des écritures et des dogmes traditionnels a ouvert de nouveaux horizons à la compréhension de la spiritualité. Dans ce contexte de turbulence des idées et de scepticisme religieux, le déisme s'est imposé comme la philosophie qui plaçait la raison au cœur de la recherche de Dieu.

Les déistes refusent d'accepter passivement les récits religieux conventionnels. Ils proposent au contraire une compréhension profonde et rationnelle du divin. Pour les déistes, la raison était un allié dans la recherche de la vérité spirituelle, en particulier lorsque les vérités dogmatiques s'effondraient. Le déisme est apparu comme une réponse au scepticisme religieux de l'époque.

Cette philosophie fait l'éloge de la raison comme une lumière qui éclaire le chemin dans l'obscurité de l'incertitude, nous permettant de discerner la vérité par une observation méticuleuse et une pensée critique. Le déisme célèbre la recherche de la vérité fondée sur la raison, par opposition à la foi aveugle. Lorsque la chute d'un dogme a jeté la suspicion sur les autres, les esprits curieux ont été encouragés à remettre profondément en question les vérités établies par la foi dominante.

Cette première conversation est le début du voyage. Au fur et à mesure que nous avançons, nous approfondissons les connaissances et les principes du déisme, en explorant comment la raison devient un allié pour comprendre Dieu et la complexité de l'existence. Restez ouvert d'esprit, adoptez la pensée critique pour poursuivre ce voyage avec courage intellectuel, tout comme ces premiers déistes qui ont osé remettre en question les croyances qui leur avaient été léguées.

Chapitre 5
L'univers Comme un Livre Ouvert

Pour comprendre ce lien, il faut considérer que, dans le déisme, Dieu est conçu comme le grand architecte de l'univers, celui qui a créé les lois naturelles qui régissent l'existence. La raison, quant à elle, est considérée comme une étincelle divine présente en chaque être humain, un don sacré qui nous permet de rechercher la connaissance et de comprendre la complexité du monde qui nous entoure. Sans la raison, nous ne serions que des animaux irrationnels.

La raison nous permet de franchir le gouffre qui sépare l'esprit humain de l'esprit de Dieu. Lorsque nous contemplons la nature et observons les lois qui régissent l'univers, nous accordons en quelque sorte notre esprit à l'esprit divin.

Nous pensons qu'en utilisant la raison pour comprendre le monde naturel, nous cherchons en quelque sorte à comprendre Dieu lui-même. Chaque découverte scientifique, chaque observation minutieuse de la nature est considérée comme un pas vers la compréhension de l'esprit créatif qui est à l'origine de la création.

Pour enrichir votre exploration du rôle de la raison dans le déisme, je vous invite à faire un bref voyage dans le temps, à l'époque médiévale où les dogmes religieux étaient incontestables et où la foi l'emportait indéniablement sur la raison.

Imaginez un instant un monde où les croyances religieuses sont régies par des doctrines rigides et inflexibles, où les dogmes sont acceptés sans discussion. Une époque où la pensée courante considérait souvent comme vrais des concepts qui nous paraissent absurdes aujourd'hui.

À cette époque, la Terre était largement considérée comme le centre de l'univers, le Soleil et les planètes tournant autour d'elle. Le cosmos, aussi mystérieux soit-il, était interprété selon les conceptions religieuses de l'époque. Les idées qui remettaient en cause cette vision, comme la notion d'un univers infini et en expansion constante ou la théorie selon laquelle la Terre tournait autour du Soleil et non l'inverse, étaient considérées comme hérétiques et extrêmement dangereuses.

Imaginez le défi que représente la vie dans un monde où la raison est souvent étouffée par l'autorité de la foi et des institutions religieuses. Comme il serait difficile de remettre en question les dogmes qui façonnent notre compréhension de l'univers et de l'existence.

Il est important de souligner que, tout au long de l'histoire, l'humanité a progressé grâce à la capacité inhérente de questionner, d'explorer l'inconnu et de remettre en question les explications simplistes. Grâce à la raison, nous nous sommes libérés des liens de l'ignorance dogmatique et avons entrepris un voyage intellectuel à la recherche de la vérité. Nous avons fait quelques progrès, mais le déisme nous invite à poursuivre le voyage, à réfléchir à l'importance fondamentale du questionnement, de l'enquête et de l'exploration, même lorsque le monde qui nous entoure s'obstine à accepter des explications fabriquées de toutes pièces.

Au fil de ce thème, nous explorerons en profondeur les principes du déisme et la manière dont la raison nous permet de comprendre Dieu et la complexité de l'existence. Je vous invite à garder l'esprit ouvert, à adopter la pensée critique et à avancer dans ce voyage avec courage intellectuel. Car, à l'instar des premiers déistes, nous sommes invités à rechercher la vérité divine par la raison et l'observation perspicace, même si cela implique de remettre en question les croyances qui nous ont été léguées.

Chapitre 6
Dieu Créateur et Observateur

Nous contemplons Dieu comme le Maître Créateur, celui qui a habilement façonné l'univers et en a établi l'ordre et l'harmonie intrinsèques. Cette perception de Dieu comme un artisan divin est fondamentale pour comprendre le cœur de la philosophie déiste.

Nous concevons Dieu comme l'artisan suprême, celui qui a minutieusement planifié chaque détail de la création. Dans cette optique, Dieu est l'architecte suprême qui a conçu l'univers en définissant les lois et les principes naturels qui régissent toutes choses.

Cette conception de Dieu en tant qu'artisan divin diffère considérablement des conceptions traditionnelles de la divinité. Alors que de nombreuses religions présentent Dieu comme un être personnel et interventionniste, nous voyons Dieu comme le grand créateur qui, après avoir créé l'univers, le laisse suivre son cours naturel, sans intervention directe. Après tout, un Dieu interventionniste équilibrerait la balance existentielle, et tout le monde partagerait les mêmes conditions de vie, y compris la santé, la famille et les ressources. La différence dans la distribution inégale des moyens qui assurent l'épanouissement existentiel serait l'explication qui prouverait que la doctrine déiste est la plus appropriée pour comprendre Dieu.

Cette différence fondamentale dans la vision de Dieu est l'une des caractéristiques distinctives du déisme. Nous croyons que Dieu a donné à l'humanité le don de la raison et de la libre investigation pour comprendre la création, plutôt que de se fier exclusivement à la révélation divine ou à l'interprétation d'autrui. La philosophie déiste valorise et respecte donc la capacité humaine d'observer, de réfléchir et de comprendre le monde sur la base de la raison.

Nous considérons Dieu comme le Créateur qui a donné à l'humanité le don de l'autonomie intellectuelle. Plutôt que d'imposer directement sa volonté, Dieu est perçu comme celui qui a confié à l'humanité la responsabilité d'explorer et de comprendre la création par une observation attentive et une pensée critique. C'est comme si Dieu avait écrit la « partition » de l'univers et que l'humanité était libre de « jouer » la musique de la vérité par la raison.

Cette vision de Dieu en tant qu'artisan divin n'a pas seulement influencé la philosophie déiste, mais a également remis en question les récits religieux traditionnels qui mettaient l'accent sur l'intervention constante de Dieu dans la vie humaine.

Dieu en tant que Grand Architecte de l'univers est une métaphore souvent utilisée par les déistes pour décrire la vision de Dieu en tant que Créateur. Cette représentation de Dieu met en évidence la précision et l'ordre inhérents à la création, soulignant le rôle de planification méticuleuse qu'il joue dans la conception de l'univers.

Dans cette vision, Dieu est celui qui a défini les règles du jeu cosmique, en établissant la physique, la chimie et les lois naturelles qui régissent le fonctionnement de l'ensemble. Chaque phénomène, du mouvement des planètes à la formation des molécules, est le résultat de l'ingéniosité de Dieu dans la création d'un système interconnecté et harmonieux.

La métaphore du Grand Architecte souligne la précision et l'ordre présents dans la création, montrant comment Dieu a conçu un univers plein de complexité et de beauté. Nous voyons la nature elle-même comme le résultat de cette planification divine, où chaque être et chaque élément joue un rôle précis dans la chorégraphie de l'existence.

Cette conception de Dieu comme Grand Architecte souligne également l'autonomie de la création. Tout comme un architecte conçoit un pont de manière à ce qu'il puisse supporter son propre poids,

Dieu a conçu l'univers avec la capacité intrinsèque de fonctionner de manière autonome. Nous croyons que Dieu n'a pas besoin d'intervenir constamment, car il a déjà établi les lois et les principes qui régissent tout.

Cette vision de Dieu comme Grand Architecte souligne non seulement l'ordre et la précision présents dans la création, mais aussi l'importance de la raison humaine dans la recherche de la compréhension divine. Nous croyons qu'une observation attentive du monde qui nous entoure, combinée à une pensée critique, est fondamentale pour découvrir le plan de Dieu pour la race humaine.

La métaphore du Grand Architecte est une représentation puissante de la vision de Dieu, soulignant la beauté, la complexité et l'harmonie de l'univers, ainsi que l'importance de la raison humaine dans l'exploration de cette création divine.

Dans le déisme, Dieu est un observateur bienveillant, et cette perspective va au-delà de la création divine pour inclure l'observation et l'attention continues de Dieu à l'égard de l'univers. Dieu a non seulement donné naissance à l'univers, mais il l'observe également avec soin et compassion, s'intéressant activement à tout ce qui se passe au sein de la création.

Nous voyons Dieu comme celui qui suit de près le développement de la vie, l'évolution des étoiles et l'interaction des forces naturelles. Cette vision reflète la croyance que Dieu est bienveillant et qu'il désire le bien-être de sa création.

La conception de Dieu comme observateur bienveillant influence profondément la philosophie déiste, en promouvant l'idée que l'ordre et l'harmonie dans l'univers sont le reflet de la sagesse divine. Les déistes voient dans la complexité et l'interconnexion de toutes les choses la preuve de l'attention que Dieu porte à la création d'un système qui permet à la vie de s'épanouir et de prospérer.

Ce point de vue souligne également l'importance de la raison humaine dans la recherche de la compréhension divine. Tout comme Dieu observe attentivement sa création, l'humanité est appelée à observer et à comprendre le monde avec un esprit critique et un cœur compatissant. Grâce à la raison, les êtres humains peuvent rechercher la sagesse divine dans l'ordre et la beauté de l'univers.

La notion d'un Dieu observateur bienveillant est une source d'inspiration et d'espoir. La création est un don précieux de Dieu, plein de merveilles à explorer et à comprendre. Cette vision renforce la conviction que la recherche de la connaissance et de la vérité est un voyage spirituel qui nous rapproche de Dieu.

Par conséquent, la vision de Dieu en tant qu'observateur bienveillant est un élément fondamental de la philosophie déiste, soulignant la compassion de

Dieu et son intérêt constant pour sa création, ainsi que l'importance de la raison humaine dans la recherche de la compréhension divine, l'ordre cosmique et l'harmonie dans la nature sont des éléments cruciaux qui reflètent l'intelligence et la sagesse divines de Dieu.

La précision des orbites planétaires, la régularité des saisons et les lois de la physique qui régissent l'univers sont des preuves évidentes de l'intelligence d'un Créateur. Chacun de ces éléments, lorsqu'il est observé attentivement, révèle un plan méticuleux et un ordre qui transcende le hasard.

L'ordre et l'harmonie présents dans la nature sont interprétés comme un témoignage de la sagesse de Dieu. Nous croyons que Dieu a établi les lois et les principes naturels qui régissent l'univers, créant ainsi un environnement favorable à la vie et à l'évolution. Ce point de vue souligne que le monde naturel n'est pas chaotique, mais qu'il est l'expression de l'esprit divin.

L'ordre cosmique et l'harmonie de la nature nous incitent à contempler la sagesse de Dieu et à rechercher un lien plus profond avec le divin. Nous voyons la beauté dans la simplicité des lois naturelles et dans la complexité des interactions entre les êtres vivants et l'environnement. Chaque aspect de la création est perçu comme une manifestation d'une intelligence créatrice supérieure.

Cette compréhension de l'ordre et de l'harmonie dans l'univers est un thème central de notre philosophie. Elle souligne l'importance de la raison comme outil d'observation et de compréhension des lois naturelles, car nous croyons qu'en explorant et en étudiant le monde naturel avec un esprit ouvert et critique, les êtres humains peuvent découvrir plus profondément la sagesse omniprésente de Dieu.

Chapitre 7
La Vision Déiste de Dieu

Dans le voyage du déiste à la recherche de la compréhension divine, la conception de Dieu joue un rôle central et transcendantal. Alors que nous nous enfonçons dans les profondeurs du déisme, il est essentiel de comprendre la vision unique que les enseignants déistes ont de Dieu.

Les déistes croient que Dieu est une entité immatérielle, dépourvue de forme physique. Cette croyance contraste avec celle de nombreuses religions qui présentent les divinités comme des êtres anthropomorphiques. Pour les déistes, Dieu est une présence spirituelle qui imprègne l'univers, étant à la fois la source primordiale de toutes choses et l'essence qui transcende toutes les formes. Cette vision immatérielle de Dieu invite les déistes à se connecter à la divinité d'une manière unique, dépourvue de rituels et de dogmes, à la recherche d'une compréhension plus personnelle.

Outre sa nature immatérielle, les déistes considèrent Dieu comme une entité transcendante. Cela signifie que Dieu dépasse l'entendement humain et ne peut être limité par des concepts humains. Les déistes croient que la transcendance de Dieu est ce qui rend possible l'existence de l'univers et de l'ordre naturel qui le régit. Dieu est considéré comme l'architecte suprême qui a établi les lois de l'univers et a permis à la vie de s'épanouir selon ces lois, mais ce Dieu n'intervient pas directement dans les affaires humaines.

La vision déiste de Dieu invite ses adeptes à contempler le mystère de l'existence et à rechercher la compréhension divine par la raison et l'observation de leur environnement. Pour les déistes, la recherche de la connaissance de Dieu est un voyage personnel et continu, une exploration intellectuelle et spirituelle qui défie l'esprit et nourrit l'âme. Ce faisant, les déistes s'efforcent de comprendre le but de la vie et le lien entre l'existence humaine et le plan divin.

Le déisme, avec sa vision immatérielle et transcendantale de Dieu, transcende les barrières religieuses et culturelles. Il propose une philosophie universelle qui invite chacun à explorer la nature de la divinité dans le respect de la diversité des croyances et de leurs perspectives. Alors que de nombreuses religions traditionnelles ont des représentations spécifiques de Dieu, les déistes célèbrent la simplicité et l'universalité de leur vision, invitant les individus à trouver le sacré dans le monde qui les entoure et en eux-mêmes.

Pour comprendre la manière déiste de voir Dieu, il est essentiel de démêler les représentations anthropomorphiques qui dominent souvent les conceptions religieuses traditionnelles. En rejetant l'idée d'un Dieu à forme humaine ou de toute autre forme représentée par les religions, les déistes défient les limites de l'esprit humain, invitant chacun à transcender les images communes associées à la divinité.

Dans de nombreuses religions, Dieu est souvent représenté avec des caractéristiques humaines, telles qu'un visage, des bras, des jambes et des attributs émotionnels. Cette anthropomorphisation de Dieu le rend plus accessible aux gens, leur permettant de s'identifier à une figure divine qui semble compréhensible et proche. Cependant, les déistes affirment que cette approche réduit la nature divine et place Dieu dans une boîte limitée par l'imagination humaine.

Dans ce contexte, il est impératif de préciser que toute figure plastique que l'esprit humain tente de reproduire à l'image de Dieu ne peut être conçue par les esprits les plus modestes. Il est bien connu que la forme humaine était une adaptation biologique nécessaire à la survie de l'espèce et que cette forme s'est perfectionnée au fil du temps pour s'adapter aux besoins de l'évolution naturelle. Il est incompréhensible que l'esprit humain rationnel idéalise qu'un être immatériel, qui n'a pas eu besoin de subir des adaptations biologiques, ait cette même forme.

Les déistes estiment que la représentation de Dieu en tant qu'entité anthropomorphique est une limitation qui empêche une véritable compréhension de Dieu. Ils affirment que Dieu dépasse l'entendement et qu'en essayant de le représenter avec des caractéristiques humaines, nous courons le risque de limiter sa grandeur et sa transcendance. Pour les déistes, Dieu est une entité si vaste et si complexe que l'esprit ne peut la concevoir dans son intégralité.

En rejetant les représentations anthropomorphiques, les déistes invitent les chercheurs à aller au-delà des images conventionnelles de Dieu et à explorer la véritable nature de la divinité. Ils soulignent que la compréhension de Dieu doit être basée sur la raison, l'observation de l'ordre naturel et la recherche continue de la connaissance divine. Cette recherche de la véritable nature de Dieu est un voyage intellectuel et spirituel qui défie l'esprit et élargit les horizons de la compréhension humaine.

Les déistes croient que l'univers est une manifestation de la volonté divine d'un Dieu immatériel et transcendantal. Au lieu d'être un personnage actif qui intervient constamment dans la création, Dieu est le créateur qui a établi les lois naturelles qui régissent tout. Ce point de vue invite les déistes à contempler l'ordre et la complexité de l'univers comme une preuve de la sagesse divine.

Pour les déistes, la nature immatérielle de Dieu souligne la simplicité et l'universalité de la divinité. Au lieu d'adopter des mythologies complexes ou des dogmes religieux, les déistes trouvent la beauté dans la simplicité de leur vision de Dieu comme cause primordiale de tout ce qui existe. Cela les incite à apprécier la création dans sa forme la plus pure, en reconnaissant la présence de Dieu dans l'harmonie du monde naturel.

Les déistes considèrent la nature immatérielle et transcendante de Dieu comme une invitation à la responsabilité humaine dans la préservation et le soin de la création. Nous pensons qu'en tant qu'êtres rationnels, nous avons le devoir d'agir de manière éthique et morale pour protéger l'environnement et promouvoir l'harmonie. Comprendre la divinité comme transcendantale nous rappelle que nous faisons partie d'un ordre plus grand et que notre lien avec Dieu se reflète dans nos actions.

Alors que nous explorons la vision déiste de Dieu, il est essentiel de comprendre comment cette conception de la nature immatérielle et transcendantale de Dieu est liée à la vie humaine et au voyage spirituel. Les déistes estiment que cette vision unique de la divinité a de profondes implications pour la compréhension de l'âme, de l'existence humaine et du chemin vers la connaissance divine.

Dans le déisme, l'âme humaine est considérée comme une étincelle divine, une partie de l'essence transcendantale de Dieu. Cette vision ancrée dans la nature immatérielle de Dieu met l'accent sur l'idée que chaque individu porte en lui un lien intrinsèque avec le divin. L'âme est perçue comme immortelle, non soumise à la mort physique, et son parcours est lié à la recherche de la compréhension de Dieu et de l'évolution spirituelle.

Pour les déistes, la recherche de la connaissance divine est un voyage personnel et intellectuel qui implique l'exploration de sa propre âme. Nous croyons qu'en cultivant la raison, l'éthique et la contemplation, les individus peuvent se rapprocher de Dieu. La nature transcendantale de Dieu sert d'inspiration à cette quête permanente, encourageant les déistes à approfondir leur compréhension de la divinité et de l'univers.

Les déistes soulignent l'importance de l'éthique en tant que partie intégrante du voyage spirituel. Ils estiment que la compréhension de la moralité est liée à la compréhension de la volonté divine et à la reconnaissance de la responsabilité humaine dans la préservation de l'équilibre et de l'harmonie dans le monde. Ce lien entre éthique et spiritualité est un élément essentiel de la vision déiste de la nature transcendantale de Dieu.

Les déistes considèrent l'évolution de l'âme comme un processus continu d'amélioration spirituelle.

Ils pensent qu'à mesure que l'âme recherche la connaissance divine et un lien plus profond avec Dieu, elle progresse vers la transcendance. L'âme est considérée comme une partie essentielle du plan divin, destinée à retourner à l'unité avec Dieu après son voyage de recherche et d'évolution spirituelles.

Pour les déistes, la compréhension de Dieu en tant qu'entité immatérielle et transcendante est un appel à la contemplation. Cette contemplation ne se limite pas à des rituels religieux spécifiques, mais plutôt à une quête intellectuelle et spirituelle qui invite les individus à méditer sur la nature de l'univers et leur relation avec Dieu. C'est un appel à approfondir le lien spirituel par la réflexion et la recherche de la connaissance divine.

La vision déiste de l'âme comme une étincelle divine qui cherche à évoluer vers la transcendance conduit au désir intrinsèque d'atteindre l'unité avec le créateur. Les déistes croient que tout au long de son voyage spirituel, l'âme se rapproche de plus en plus de la divinité, transcendant les limites de l'existence humaine et retournant à l'unité avec le transcendantal. Cette recherche de l'unité avec Dieu est le but ultime du voyage spirituel d'un déiste.

L'expérience de l'unité avec Dieu est considérée comme un état de profonde communion spirituelle. Les déistes croient qu'en atteignant cet état, l'âme parvient à une compréhension complète de la divinité et éprouve un sentiment de paix, d'harmonie et de plénitude. C'est l'accomplissement ultime de la quête de la connaissance divine et représente l'aboutissement du voyage spirituel.

Cependant, les déistes reconnaissent également que la quête de la connaissance divine et de l'unité avec Dieu est un voyage permanent. Il ne s'agit pas d'une destination, mais d'un processus constant d'amélioration et de réflexion spirituelles. Les déistes sont appelés à continuer à approfondir leur compréhension de la divinité et à rechercher l'unité avec Dieu tout au long de leur vie.

Chapitre 8
La Nature Comme Révélation Divine

En tant que déistes, nous considérons la nature comme un livre ouvert, un texte divin écrit dans le langage des modèles naturels. Chaque phénomène, chaque forme et chaque cycle de vie sont des mots qui révèlent la sagesse divine derrière la création. L'observation attentive de ces modèles naturels est essentielle pour déchiffrer ce langage et comprendre l'intelligence qui imprègne toute existence.

Notre regard critique et contemplatif sur les cycles de la vie nous permet d'entrevoir la précision avec laquelle Dieu a planifié la nature. En observant le parcours d'une graine qui devient un arbre majestueux, nous nous rendons compte que chaque étape de ce processus révèle un dessein divin. Les déistes voient dans ce cycle de la vie la manifestation de la création et la continuité des merveilles de la nature.

En outre, nous trouvons dans la symétrie des formes naturelles une indication claire de la sagesse de

Dieu. La symétrie est un langage universel qui transcende les barrières culturelles et géographiques et qui est présent dans toute la création. De la symétrie des pétales d'une fleur à la perfection géométrique des cristaux de glace, nous percevons la main divine qui façonne chaque détail de la nature avec précision et harmonie.

L'harmonie des écosystèmes est une preuve frappante de l'intelligence divine. Chaque être vivant, des minuscules fourmis aux aigles majestueux, joue un rôle vital dans l'interconnexion des écosystèmes. La survie de chacun est intrinsèquement liée à l'harmonie de ces systèmes naturels. Cela nous amène à penser que Dieu a conçu la nature de manière interdépendante, révélant sa sagesse dans la complexité des relations écologiques.

C'est pourquoi, pour nous, l'observation attentive et respectueuse des modèles naturels est un acte d'adoration et de contemplation. À travers ce langage codé, nous trouvons les mots qui nous rapprochent de Dieu. En déchiffrant ces motifs, nous nous rapprochons d'une compréhension plus profonde de l'intelligence divine. C'est comme si chaque observation attentive était une ligne d'un poème, et que notre tâche consistait à lire avec révérence et humilité, en cherchant à percer les secrets que Dieu a écrits dans la nature.

Pour les déistes, l'observation attentive des modèles naturels ne révèle pas seulement la sagesse divine, mais nous permet également de réaliser la profonde unité qui sous-tend la diversité de la nature. Chaque être vivant, des minuscules créatures qui habitent les coins les plus secrets de la Terre aux arbres majestueux qui touchent les cieux, est une partie interconnectée d'un ensemble plus vaste. Cette interconnexion reflète l'harmonie de l'univers et constitue la preuve de l'intelligence créatrice qui imprègne toutes choses.

Imaginez la diversité des formes de vie que l'on trouve sur notre planète. Chaque espèce, des insectes aux mammifères, possède des caractéristiques uniques et remplit des fonctions spécifiques dans son écosystème. Cependant, nous voyons dans cette diversité le reflet de la richesse du plan divin. Au lieu du chaos, nous trouvons l'ordre ; au lieu du hasard, nous découvrons le but.

L'unité dans la diversité devient évidente lorsque nous considérons comment les différents éléments de la nature se complètent. Les plantes, par exemple, réalisent la photosynthèse, produisant l'oxygène indispensable à la respiration des animaux. Les pollinisateurs, tels que les abeilles, jouent un rôle fondamental dans la fertilisation des plantes, permettant la production de fruits et de graines qui servent de nourriture à diverses espèces. Ces interactions complexes démontrent la dépendance mutuelle qui existe entre les êtres vivants et les éléments naturels.

Même les phénomènes atmosphériques tels que les précipitations sont liés à la vie sur Terre. Les précipitations fournissent l'eau essentielle à la survie de toutes les formes de vie, des plantes aux êtres humains. La façon dont l'eau est distribuée et recyclée dans la nature est un exemple de l'harmonie qui maintient l'équilibre écologique.

Cette unité sous-jacente à la diversité de la nature est considérée par les déistes comme une manifestation de l'intelligence créatrice de Dieu. Au lieu d'un Créateur qui a construit chaque élément de la création de manière isolée, nous voyons Dieu comme le maître architecte qui a conçu un système interconnecté et harmonieux, où toutes les parties jouent un rôle vital dans la chorégraphie de l'existence.

En tant que déistes, nous respectons profondément la complexité et l'interdépendance de toutes les choses. Chaque organisme, chaque élément naturel et chaque phénomène atmosphérique sont comme les notes d'une symphonie divine, contribuant à l'harmonie de l'univers. Cette compréhension nous incite à prendre soin de la diversité de la nature et à la préserver, en reconnaissant que les dommages causés à l'une des parties affectent la beauté et l'intégrité de l'ensemble. L'unité dans la diversité est, pour nous, une leçon puissante sur l'intelligence et l'ordre qui régissent l'univers.

Pour les déistes, la nature agit comme un miroir qui reflète la divinité, et cette perspective nous invite à contempler les éléments de la nature comme des reflets de l'intelligence de Dieu. L'observation attentive de la nature est plus qu'une simple appréciation esthétique ; c'est une recherche d'une compréhension plus profonde du divin. Nous croyons qu'en examinant la nature avec des yeux attentifs, nous trouvons des indications de la présence et de la sagesse de Dieu en toutes choses.

Imaginez-vous dans un cadre naturel, dans un environnement vierge de toute influence humaine. Vous observez les montagnes majestueuses, les rivières qui coulent constamment, les arbres anciens qui s'élèvent pour toucher le ciel et les créatures qui habitent ce paysage. Pour nous, chacun de ces éléments est un miroir qui reflète la divinité d'une manière unique.

Les montagnes, avec leur solidité immuable à travers les âges, nous rappellent la stabilité et la constance de Dieu. Les rivières, avec leur flux incessant, représentent la fluidité de la vie et le renouvellement constant de l'univers. Les arbres, qui servent d'habitat et de source de nourriture à d'innombrables créatures, nous montrent la générosité et l'interconnexion qui imprègnent la création. Les créatures qui habitent cet environnement présentent une incroyable diversité de formes et de fonctions, soulignant la créativité infinie de Dieu.

La contemplation de la nature n'est pas seulement une appréciation passive, c'est une recherche active de compréhension. Les déistes considèrent l'ordre et la beauté présents dans la nature comme des manifestations de l'intelligence divine. Chaque modèle, cycle et relation dans la nature est un indice qui nous aide à percer les mystères de la création.

Cette perspective nous amène à rechercher le divin non seulement dans les temples construits par la main de l'homme, mais aussi dans les temples naturels qui nous entourent. Pour nous, la nature est un livre ouvert, plein d'enseignements sur la présence et la sagesse de Dieu. Chaque observation, chaque moment de contemplation nous rapproche un peu plus de Dieu.

L'idée fondamentale est que lorsque nous regardons la nature, nous y trouvons bien plus que des éléments physiques ; nous y trouvons un lien spirituel avec le divin. Nous croyons que Dieu se révèle constamment à travers la création, nous invitant à approfondir notre compréhension du cosmos et du rôle de Dieu en tant que Maître Créateur et Observateur bienveillant. Par conséquent, pour nous, la nature est plus qu'une simple toile de fond ; c'est un miroir qui reflète la divinité sous tous ses aspects, nous invitant à une recherche continue de la vérité spirituelle.

Pour les déistes, la raison joue un rôle fondamental dans l'interprétation de la nature comme révélation divine. Nous considérons la raison comme la lanterne qui éclaire le chemin dans l'exploration des merveilles naturelles, nous permettant de percer les mystères de la création et de révéler ainsi l'intelligence de Dieu qui se cache derrière tout cela.

Imaginez que vous êtes dans une forêt luxuriante, entouré par l'immensité de la nature. Devant vous se trouve un ruisseau sinueux dont les eaux cristallines reflètent la lumière du soleil. Alors que vous contemplez ce paysage, votre esprit commence à se poser des questions. Pourquoi le ruisseau suit-il ce cours particulier ? Comment l'eau s'écoule-t-elle si facilement ? À quoi servent les plantes et les animaux qui peuplent cet environnement ?

Ces questions sont le résultat de la raison en action. Les déistes pensent que la raison est l'outil qui nous permet de poser ces questions et de chercher des réponses par une observation perspicace du monde naturel. Elle nous permet d'examiner les modèles, les cycles et les interactions qui se produisent dans la nature et de reconnaître l'ordre sous-jacent.

L'application de la raison nous aide à percer les mystères de la création, révélant l'intelligence de Dieu derrière toute chose. Lorsque nous contemplons le fonctionnement des étoiles et des planètes dans le cosmos, la complexité de l'écologie d'un habitat naturel ou la structure complexe d'une cellule, nous appliquons la raison pour comprendre comment ces éléments s'intègrent dans un ensemble plus vaste.

La raison nous permet également d'apprécier plus profondément la beauté de la nature. Lorsque nous comprenons la complexité d'un phénomène naturel, notre admiration s'intensifie, car nous réalisons que nous sommes les témoins du chef-d'œuvre d'un Créateur intelligent.

Pour les déistes, la raison n'est pas l'ennemie de la spiritualité, mais une alliée précieuse. Grâce à la raison, nous pouvons rechercher la vérité, la sagesse et une compréhension profonde du divin dans la création. Elle nous invite à explorer le monde naturel avec un esprit ouvert et curieux, à poser des questions et à chercher des réponses fondées sur une observation attentive et une réflexion critique.

C'est pourquoi la raison joue un rôle central dans le cheminement des déistes pour comprendre la nature comme une révélation divine. Elle est la lumière qui éclaire le chemin, nous permettant de déchiffrer le langage des modèles naturels, de percevoir l'unité dans la diversité de la nature et de contempler la nature comme un miroir reflétant Dieu. Par l'application de la raison, nous poursuivons notre quête pour comprendre l'intelligence divine qui imprègne toutes les choses de la création.

En contemplant la nature comme une révélation divine, nous nous rappelons que nous nous trouvons devant un livre sacré ouvert dont les pages sont remplies de merveilles et de secrets qui nous rapprochent du

Créateur. Chaque observation attentive, chaque question posée par la raison et chaque moment de contemplation nous entraînent dans un voyage spirituel à la recherche de la vérité et de la compréhension de l'intelligence divine qui tisse la tapisserie de l'existence.

La science a corroboré ce lien entre le contact avec la nature et le bien-être humain. Des études psychologiques ont montré que l'exposition à la nature réduit le stress et l'anxiété, améliore l'humeur et favorise un sentiment de relaxation. La thérapie par la forêt, connue sous le nom de « shinrin-yoku » au Japon, est un exemple notable de ce phénomène, associé à des bénéfices significatifs pour la santé mentale.

En outre, la recherche indique que le temps passé dans des environnements naturels est lié à une augmentation de la créativité, de la concentration et de la capacité à résoudre des problèmes. La théorie de la « restauration de l'attention » suggère que la nature offre un environnement qui permet au cerveau de se reposer et de se revitaliser, améliorant ainsi la capacité à faire face aux défis de la vie quotidienne.

Des études sur le « syndrome de déficit de la nature » montrent également que le fait de s'éloigner des activités de plein air et de l'exposition à la nature peut contribuer à des problèmes de santé mentale, en particulier chez les enfants. Le lien entre le contact avec la nature et la santé mentale est si puissant que de nombreux experts recommandent aux gens d'intégrer plus de temps en plein air dans leur routine quotidienne.

En conséquence, nous nous rendons compte que la vision déiste de la nature se manifeste intrinsèquement, car la grandeur de la création de Dieu transcende une compréhension complète du déisme. Même ceux qui ne connaissent pas les principes du déisme ressentent un lien profond avec la nature, y cherchant refuge et paix. Les gens marchent sur des chemins sereins, établissent des campements au bord des rivières ou dans les forêts, se réfugient dans des fermes-hôtels confortables et emmènent leurs enfants jouer dans les parcs. C'est comme si, inconsciemment, les êtres humains étaient programmés pour chercher Dieu là où sa présence est la plus facile à percevoir et à ressentir.

Par conséquent, dans cette rencontre avec la nature, l'être humain ne suit pas seulement une programmation innée, mais profite également des avantages scientifiquement prouvés pour la santé mentale, le bien-être émotionnel et la qualité de vie. C'est un témoignage de l'harmonie intrinsèque entre la création divine et la quête humaine de paix et de connexion spirituelle.

Chapitre 9
La Raison Comme Guide Dans L'exploration du Cosmos

L'exploration de l'univers a toujours enchanté l'esprit humain. Le désir de comprendre les secrets de l'univers, depuis l'immensité de l'espace jusqu'aux moindres détails des lois qui le gouvernent, a été l'une des poursuites les plus nobles et les plus stimulantes.

L'observation des étoiles est notre point de départ dans la recherche de réponses. Grâce à la raison, nous avons mis au point des télescopes capables de scruter le ciel étoilé. Ces merveilles d'ingénierie nous permettent d'entrevoir des distances inconcevables et de contempler des galaxies lointaines. Grâce à une observation et une analyse systématiques, les astronomes sont en mesure de cartographier la structure de l'univers, d'identifier les étoiles, les planètes, les astéroïdes et les comètes, et de retracer la trajectoire des corps célestes.

La raison dépasse cependant la simple observation. Elle nous permet de poser des questions essentielles sur le cosmos. Pourquoi l'univers existe-t-il ? Comment a-t-il commencé ? Ces questions incitent l'esprit humain à chercher des réponses, ce qui est le moteur de la recherche scientifique et philosophique.

Dans ce contexte, la raison nous amène à reconnaître la profonde complexité de l'univers et nous encourage à déchiffrer ses lois fondamentales. Les mathématiques, en tant que langage universel, sont un instrument de la raison qui nous permet de décrire les relations précises entre les phénomènes célestes. Les théories scientifiques, comme la théorie de la relativité d'Einstein (déiste avoué) et la théorie du big bang, sont des produits de la raison humaine qui nous aident à comprendre l'univers à des échelles macroscopiques et microscopiques.

L'exploration spatiale, alimentée par la raison et la curiosité, représente une autre étape importante dans la quête des secrets célestes. L'homme a construit des sondes et des engins spatiaux qui se rendent sur des planètes lointaines telles que Mars, Jupiter et Saturne, recueillant des données cruciales sur ces mondes étrangers. En analysant ces informations, nous élargissons nos connaissances sur la composition, l'atmosphère et la géologie des planètes, ainsi que sur la possibilité d'une vie extraterrestre.

En outre, la raison nous permet d'explorer les lois qui régissent l'univers à son niveau le plus fondamental. La physique théorique, par exemple, cherche à comprendre la nature de la matière, de l'énergie et des forces fondamentales qui régissent tout ce qui existe. Grâce aux expériences, aux équations mathématiques et à la modélisation informatique, les scientifiques continuent à percer les mystères de la mécanique quantique, de la relativité, de la gravité et d'autres forces qui façonnent le cosmos.

La recherche de notre place dans le vaste univers est un voyage que la raison nous invite à entreprendre. Elle nous pousse à nous interroger sur notre origine, notre raison d'être et notre lien avec l'univers, ce qui nous amène à explorer les complexités de l'existence humaine en relation avec l'espace extra-atmosphérique.

La raison nous encourage à enquêter sur notre propre histoire cosmique. Grâce aux études et aux découvertes scientifiques, nous commençons à réaliser que les éléments chimiques qui composent notre corps, tels que le carbone, l'oxygène et le fer, ont été forgés dans les profondeurs des étoiles. Nous sommes, en fait, les enfants des étoiles, faits des mêmes matériaux que ceux qui brillent dans le ciel nocturne. Cette compréhension nous relie profondément au cosmos, nous amenant à nous interroger sur notre relation avec l'univers et sur la manière dont notre existence est intrinsèquement liée à lui.

En outre, la raison nous amène à explorer le concept d'habitabilité sur d'autres planètes. La recherche d'exoplanètes, c'est-à-dire de mondes situés au-delà de notre système solaire, est alimentée par le désir de trouver d'autres endroits où la vie peut exister. Cela nous amène à réfléchir à la possibilité d'une vie extraterrestre et à notre place dans un univers potentiellement peuplé d'autres civilisations. La raison nous encourage à considérer les implications philosophiques, éthiques et scientifiques de cette recherche.

La recherche de notre place dans les étoiles nous amène également à nous interroger sur notre raison d'être dans la grande tapisserie cosmique. Nous nous demandons pourquoi nous sommes ici, quel est le sens de notre vie et comment nous contribuons à la compréhension et à la préservation de l'univers. Ces questions transcendantales mènent à la philosophie et à la recherche d'un but qui transcende notre existence terrestre.

Nous sommes poussés à explorer l'espace et l'inconnu dans l'espoir de trouver des réponses à des questions plus profondes. Les missions spatiales, telles que l'exploration de Mars et la recherche de planètes habitables, représentent la recherche active de notre place dans les étoiles. Grâce à ces efforts, nous nous rapprochons de la compréhension de notre origine cosmique, de notre raison d'être dans l'univers et de notre lien avec d'autres formes de vie.

L'exploration spatiale est sans aucun doute l'une des manifestations les plus impressionnantes de la capacité humaine à appliquer la raison à la recherche de la connaissance. À mesure que les frontières de l'exploration s'étendent au-delà des limites de la Terre, la grandeur de l'univers et le rôle central de la raison dans cette entreprise nous reviennent à l'esprit.

La raison, en tant qu'outil de questionnement et de découverte, est le moteur de l'exploration spatiale. Depuis l'aube de l'astronomie jusqu'à aujourd'hui, l'humanité observe les étoiles avec un regard curieux et un esprit analytique. Les astronomes et les scientifiques étudient les mouvements des planètes, l'orbite des étoiles et la formation des galaxies, perçant ainsi les mystères de l'univers.

L'exploration spatiale est le prolongement naturel de ce désir de comprendre le cosmos. Grâce aux missions spatiales, aux télescopes perfectionnés et aux sondes interplanétaires, la raison permet d'étudier les corps célestes de plus près que jamais. Nous avons découvert des lunes glacées, des volcans sur d'autres mondes, des tempêtes sur des géantes gazeuses et même des traces d'eau sur Mars, tout cela grâce à l'application de la raison dans l'exploration spatiale.

Cependant, l'exploration spatiale ne se limite pas à la collecte de données. Elle nous permet également de contempler la grandeur du cosmos et la place que nous y occupons. Lorsque nous voyons des images de la Terre depuis l'espace, nous sommes confrontés à la fragilité et à la beauté de notre planète. Cette perspective unique nous rappelle l'importance de prendre soin de notre maison commune et de préserver l'environnement.

En outre, l'exploration spatiale nous incite à penser au-delà des limites terrestres. Lorsque l'homme a posé le pied sur la lune pour la première fois, il s'agissait d'un exploit monumental de la raison et de l'ingéniosité humaines. Cela nous incite à réfléchir à nos propres limites et à envisager ce que nous pouvons accomplir de plus lorsque nous utilisons la raison comme alliée.

L'exploration spatiale est une démonstration de la recherche constante de la connaissance et de la compréhension de l'inconnu. Elle témoigne de la détermination de l'homme à surmonter des défis apparemment insurmontables, à utiliser la raison pour résoudre des problèmes complexes et à explorer les mystères de l'univers. Chaque mission spatiale est l'expression du désir humain d'élargir ses horizons et de chercher des réponses aux questions les plus profondes sur l'univers et l'existence elle-même.

L'intersection entre la science et la spiritualité cosmique est un champ fertile pour l'application de la raison humaine. Alors que la science cherche à comprendre l'univers par l'observation et la méthode scientifique, la spiritualité cosmique explore le lien entre les êtres humains et le cosmos d'un point de vue plus transcendantal. La raison joue un rôle crucial pour nous aider à comprendre comment ces deux voies s'entrecroisent et enrichissent notre compréhension de l'univers et de la place que nous y occupons.

La science, avec son approche objective et méthodologique, fournit une vision détaillée et précise de l'univers. Les astronomes et les physiciens, à l'aide de télescopes et d'instruments perfectionnés, étudient la structure de l'espace-temps, la formation des étoiles et des galaxies et les processus fondamentaux qui régissent tout. La raison est la lumière qui guide ces scientifiques et leur permet de déchiffrer les secrets du cosmos, comme la théorie de la relativité d'Einstein (déiste notoire) et la théorie du Big Bang.

La spiritualité cosmique, quant à elle, cherche à comprendre le sens profond et le lien entre les êtres humains et le cosmos. Pour beaucoup, la contemplation des étoiles et de l'immensité de l'univers évoque un sentiment de crainte et de révérence qui transcende la compréhension scientifique. La raison aide à explorer ces questions, en permettant de réfléchir à la manière dont notre existence est intrinsèquement liée à l'univers et à l'ordre cosmique.

L'intersection entre la science et la spiritualité devient évidente lorsque nous reconnaissons que la recherche de la vérité dans les deux domaines peut coexister harmonieusement. De nombreux scientifiques et philosophes, inspirés par l'émerveillement de l'univers, trouvent un sens et une spiritualité dans l'exploration du cosmos. L'application de la raison nous amène à nous interroger non seulement sur le « comment » des lois naturelles, mais aussi sur le « pourquoi ».

La raison nous permet également de reconnaître que la science et la spiritualité ne s'excluent pas mutuellement, mais sont complémentaires. La compréhension scientifique de l'univers n'invalide pas la quête spirituelle de sens et de finalité. Au contraire, elles s'entrecroisent, offrant une vision plus complète et plus enrichissante du cosmos.

Dans ce contexte, la raison nous encourage à accepter la complexité et la diversité des perspectives sur l'univers. Elle nous encourage à garder l'esprit ouvert aux découvertes scientifiques et aux profondeurs de la spiritualité. Ce faisant, nous sommes en mesure d'acquérir une compréhension plus profonde et plus significative du cosmos et de la place que nous y occupons.

L'intersection entre la science et la spiritualité nous rappelle que la raison humaine peut éclairer différentes facettes d'une même réalité. En continuant à explorer le cosmos, guidés par la lumière de la raison, nous pouvons trouver des réponses à la fois dans le monde objectif de la science et dans le monde subjectif de la spiritualité. Cette intégration nous enrichit en tant qu'êtres humains, en nous permettant de contempler le mystère et la majesté de l'univers d'une manière plus complète et plus profonde.

Pour conclure ce chapitre sur le rôle de la raison dans la compréhension du cosmos, il est intéressant de noter que l'une des personnalités les plus célèbres de l'histoire de la science, Albert Einstein, a professé la foi déiste. Einstein, dont la théorie de la relativité a révolutionné la compréhension de l'espace et du temps, considérait l'univers comme un témoignage de l'ordre et de l'élégance que la raison humaine pouvait démêler. Pour lui, seul le déisme convenait à sa spiritualité, car ce n'est qu'à travers lui qu'il pouvait voir Dieu.

Chapitre 10
La Liberté Intellectuelle Dans le Déisme

Dans le cheminement du déisme, la liberté intellectuelle joue un rôle prépondérant, n'étant pas seulement une vertu, mais un pilier fondamental qui soutient la compréhension de Dieu et de l'univers. Le déisme, en tant que philosophie religieuse, se distingue par la manière dont il permet aux individus d'approcher la vérité de manière indépendante, en exerçant la faculté de la raison.

Depuis ses débuts, le déisme a été façonné par un profond respect de la raison. Nous croyons que l'esprit humain est doté d'une capacité innée de discernement, une étincelle divine qui nous permet de rechercher la vérité de manière logique et cohérente. Cette croyance en la primauté de la raison est au cœur de notre approche de la liberté intellectuelle.

Dans le déisme, la liberté intellectuelle commence par la liberté de questionner. Nous ne nous contentons pas d'autoriser, mais nous encourageons la recherche approfondie des mystères de l'univers et de l'existence humaine. Le questionnement est la base du progrès intellectuel, et c'est par le biais du questionnement que nous commençons à dévoiler les voiles qui cachent la vérité divine.

Notre liberté intellectuelle s'étend également à la liberté d'investigation. Nous encourageons les individus à explorer, rechercher et acquérir des connaissances par l'observation, l'étude et l'analyse critique. La science et la philosophie, en tant qu'instruments de la raison, sont des alliés précieux dans la recherche de la vérité. Nous ne considérons pas ces disciplines comme des menaces pour la foi, mais comme des compléments qui enrichissent notre compréhension de Dieu.

Cependant, la liberté intellectuelle dans le déisme n'est pas un voyage solitaire, mais une recherche collective de la vérité. Nous valorisons l'échange d'idées, le dialogue respectueux et le partage des connaissances. Grâce à un débat sain et à une discussion ouverte, nous améliorons notre compréhension et aidons les autres à trouver leur propre voie dans la recherche de la vérité.

Notre philosophie de la liberté intellectuelle se reflète également dans notre attitude à l'égard des Écritures et des traditions religieuses. Dans le déisme, nous croyons qu'aucune écriture ou tradition ne doit être imposée de manière dogmatique. Au contraire, nous invitons les individus à examiner ces sources de sagesse à la lumière de la raison, en les explorant de manière critique à la recherche des vérités universelles qu'elles peuvent contenir.

Il est important de souligner que notre liberté intellectuelle ne se limite pas à la sphère religieuse, mais s'étend à tous les aspects de la vie. Nous pensons que la raison doit guider nos choix éthiques, politiques et sociaux, en nous permettant de prendre des décisions éclairées et justes. Ce faisant, nous contribuons à un monde plus conscient et plus compatissant.

La liberté intellectuelle dans le déisme n'est pas seulement un droit, mais aussi une responsabilité. Grâce à elle, chaque individu est appelé à rechercher activement la vérité, à comprendre le divin et à contribuer au bien-être de l'humanité. Il s'agit d'un voyage de découverte de soi, de croissance spirituelle et de contribution à un monde plus éclairé.

La raison joue un rôle central dans la recherche de la vérité dans le déisme, permettant aux déistes de remettre en question les concepts et les dogmes religieux établis. Nous pensons que la raison est l'outil le plus précieux dont nous disposons pour comprendre Dieu et percer les mystères de l'univers.

Dans le déisme, nous considérons la raison comme un don divin, une faculté qui nous sépare des êtres irrationnels. Alors que les animaux fonctionnent principalement à l'instinct, les êtres humains ont la capacité de raisonner, de questionner et de chercher des réponses. C'est grâce à cette capacité de raisonnement que nous commençons à sonder les profondeurs de l'existence et à nous interroger sur le sens de la vie.

La raison nous permet d'évaluer de manière critique les croyances et les enseignements religieux qui nous sont présentés. Dans le déisme, nous n'acceptons pas le dogme sans poser de questions. Au contraire, nous utilisons la raison comme un phare pour discerner la vérité de la superstition, la réalité de la mythologie et la sagesse de la tradition. Nous croyons que si Dieu nous a donné la capacité de raisonner, il veut que nous l'utilisions pour rechercher la vérité, y compris sur lui-même.

Cette approche de la raison comme guide dans la recherche de la vérité divine s'étend également à l'interprétation des Écritures et des traditions religieuses. Alors que de nombreuses religions insistent sur des interprétations littéralistes de leurs textes sacrés, le déisme utilise la raison pour examiner ces textes de manière critique et contextuelle. Nous reconnaissons que les Écritures peuvent contenir des significations symboliques et allégoriques, et la raison nous aide à discerner ces significations plus profondément.

Un aspect fondamental du rôle de la raison dans le déisme est l'idée que seule la raison peut nous conduire à la connaissance de Dieu. Nous savons que les êtres irrationnels, dépourvus de la capacité de questionner et de raisonner, ne peuvent pas comprendre la nature de Dieu. La raison est le moyen par lequel nous approchons le créateur, en examinant les preuves de la création et en cherchant à comprendre l'ordre et l'harmonie de l'univers. Il ne sert à rien de chercher Dieu en acceptant simplement, sans se poser de questions, les dogmes imposés par les idéologies religieuses.

En questionnant et en explorant avec l'aide de la raison, les déistes ont la possibilité de forger un lien personnel avec Dieu. Au lieu d'accepter aveuglément les croyances religieuses, nous sommes invités à rechercher notre propre compréhension du Créateur. Ce voyage de découverte spirituelle est enrichi par la capacité de raisonner de manière indépendante et la liberté de remettre en question les concepts religieux établis.

La liberté intellectuelle du déisme, associée à la raison, nous permet d'explorer les profondeurs de la connaissance divine, sans les restrictions des dogmes et des doctrines rigides. C'est un voyage qui nous invite à nous interroger, à chercher des réponses et à grandir dans notre compréhension de Dieu.

Le déisme, en tant que philosophie de la recherche de la vérité par la raison, promeut la liberté religieuse et le respect de la diversité des croyances. Au cœur du déisme se trouve la reconnaissance du fait que la quête spirituelle est un voyage personnel et que chaque individu a le droit de suivre sa propre voie.

La liberté religieuse dans le déisme est considérée comme une valeur essentielle. Nous pensons que forcer l'acceptation de croyances ou de doctrines religieuses est contre-productif et préjudiciable à la véritable recherche de la compréhension divine.

Les déistes apprécient la diversité des perspectives religieuses et reconnaissent que les différentes traditions spirituelles offrent des approches uniques de la compréhension du divin. Plutôt que de rejeter ou de condamner les autres croyances, le déisme invite à une approche de respect et de dialogue interreligieux.

Le pluralisme religieux dans le déisme est une extension naturelle de la liberté religieuse. Nous croyons que toutes les traditions religieuses ont quelque chose à apporter à notre compréhension de Dieu. C'est pourquoi nous sommes ouverts à l'apprentissage de diverses croyances spirituelles et philosophies.

La raison joue un rôle crucial dans la promotion de ce pluralisme et de ce respect religieux. C'est la raison qui nous permet d'évaluer de manière critique nos propres croyances et d'être prêts à considérer d'autres perspectives. Grâce à l'exercice de la raison, nous pouvons discerner la vérité entre les différentes croyances religieuses et trouver des points de convergence entre elles.

Le déisme reconnaît que, même si les croyances religieuses diffèrent, elles ont souvent en commun le désir de comprendre Dieu et de chercher un but plus grand dans la vie. Cette compréhension commune peut servir de point de départ au dialogue interreligieux et à la coopération sur les questions éthiques et morales.

La liberté religieuse et le pluralisme du déisme s'étendent également à la sphère politique. Les déistes ont historiquement soutenu la séparation de l'Église et de l'État, défendant le droit de chacun à sa propre liberté de conscience et de religion. Ce point de vue est conforme à l'idée que la quête spirituelle doit être un choix personnel, non imposé par le gouvernement ou les institutions.

Le déisme est, par nature, une philosophie qui valorise la recherche permanente de la vérité. Il nous invite à explorer l'univers et à comprendre Dieu par la raison, l'observation et le questionnement. Au cœur du déisme se trouve l'idée que la vérité n'est pas un point final, mais un voyage constant de découverte et d'auto-découverte. La liberté intellectuelle du déisme nous permet d'entreprendre ce voyage sans crainte, et la raison est la lumière qui nous guide dans cette quête incessante de la connaissance divine.

Le déisme nous rappelle que la vérité n'est pas une entité statique, mais un fleuve en perpétuel mouvement. Grâce à la raison, nous sommes en mesure de naviguer sur ce fleuve, d'explorer ses courbes et ses courants, de plonger dans ses profondeurs et d'atteindre de nouveaux rivages. Chaque question, chaque enquête, chaque découverte est un pas en avant.

Dans le déisme, la recherche de la vérité est l'expression de notre liberté intellectuelle. Nous sommes libres de questionner, de remettre en cause, de réfléchir et d'explorer. Nous ne sommes pas liés par des dogmes inflexibles ou des limites imposées par les autorités religieuses. La raison est notre boussole et la liberté notre compagne de voyage.

En adoptant le déisme comme philosophie de la recherche de la vérité, nous reconnaissons que la compréhension de Dieu est un voyage sans fin. Chaque nouvelle découverte n'est que le point de départ d'une nouvelle enquête. Chaque réponse trouvée soulève de nouvelles questions. C'est dans cette recherche incessante que nous trouvons notre véritable liberté intellectuelle.

Dans le déisme, la vérité n'est pas une prison, mais les ailes qui nous permettent de voler plus haut, d'explorer plus profondément et de mieux comprendre l'univers et la place que nous y occupons. C'est une quête qui nous met au défi, nous inspire et nous enrichit en tant qu'êtres humains.

Dans le déisme, notre liberté intellectuelle est la clé qui ouvre la porte de l'inconnu et nous invite à explorer les horizons infinis de la compréhension de

Dieu. Chaque étape de ce voyage est une célébration de l'esprit humain, une ode à la capacité de questionner, de raisonner et de découvrir. Nous sommes libres, non pas de nous détourner de Dieu, mais de l'approcher avec un œil curieux et un esprit ouvert. Notre recherche de la vérité est le chemin qui nous mène au cœur de l'univers. Ainsi, dans le déisme, nous trouvons la liberté qui nous élève, nous enrichit et nous relie au divin d'une manière unique et profonde.

Chapitre 11
La Recherche Continue de la Vérité Divine

Nous croyons que la recherche de la vérité divine est un voyage continu, soutenu par des principes fondamentaux. Nous commençons par la primauté de la raison. La raison nous donne la capacité innée de discerner, ce qui nous permet d'analyser et de questionner les mystères de l'univers d'une manière logique et cohérente. Dieu nous a donné la capacité de raisonner et il veut que nous l'utilisions.

Avec la raison, la liberté intellectuelle est un autre principe essentiel. Nous encourageons vivement le questionnement, car nous comprenons qu'il est à la base du progrès intellectuel. Le questionnement permet de lever les voiles qui cachent la vérité divine sous des dogmes qui imposent une compréhension toute faite qui, selon nous, nous éloigne de Dieu au lieu de nous en rapprocher. La liberté de questionner, de remettre en cause les conventions et d'explorer les mystères de l'existence est ce qui nous anime.

Alors que de nombreuses religions insistent sur des interprétations littéralistes de leurs textes sacrés, le déisme utilise la raison comme guide pour examiner ces textes de manière critique et contextuelle. Nous reconnaissons que les Écritures peuvent contenir des significations symboliques et allégoriques, et la raison nous aide à discerner ces significations plus profondes. Par conséquent, nous n'acceptons pas le dogme sans poser de questions ; au contraire, nous recherchons la vérité divine à travers l'exploration critique de ces sources.

Ces principes, la raison, la liberté intellectuelle et l'approche critique, sont les piliers qui sous-tendent notre philosophie de vie, nous permettant d'explorer et de comprendre Dieu d'une manière profondément enracinée dans la raison et la poursuite incessante de la connaissance divine. Avec ces principes fermement établis, notre voyage progresse vers une compréhension continue de Dieu.

Comme nous l'avons déjà mentionné, nous pouvons observer l'évolution de la pensée déiste, ce qui démontre que la recherche de la vérité divine n'est pas un processus statique, mais un voyage de croissance et d'approfondissement de la compréhension de ce qu'est réellement Dieu. La raison joue un rôle central dans cette évolution.

Elle nous permet de remettre en question les concepts et les dogmes religieux établis, d'évaluer de manière critique les croyances et les enseignements religieux, ainsi que d'examiner les Écritures et les traditions religieuses de manière critique et contextuelle. Grâce à la raison, nous commençons à sonder les profondeurs de l'existence et à nous interroger sur le sens de la vie. C'est donc la raison qui est le moteur de l'évolution de la pensée déiste, la même raison qui a fait sortir l'Homo sapiens des cavernes.

Tout au long de l'histoire, les déistes ont joué un rôle fondamental dans l'évolution de la pensée. De nombreux philosophes, penseurs et chefs religieux déistes ont contribué au développement et à la promotion du déisme en tant que philosophie qui valorise la raison, la liberté intellectuelle et la recherche de la vérité. Leurs œuvres et leurs idées ont enrichi et approfondi la compréhension de Dieu dans le contexte de notre philosophie.

L'évolution de la pensée déiste est également attestée par la reconnaissance de l'importance de la diversité des perspectives religieuses et de la recherche de la tolérance. En tant qu'êtres humains, nous avons des conceptions diverses. Certains ont une foi toute faite et acceptent les dogmes énoncés par les interprétations des autres, mais les déistes sont ceux qui ne peuvent concevoir que le Dieu auquel ils croient les ait placés devant des questions que la raison, entendue comme la capacité de comprendre, ne peut concevoir.

En ce sens, le déisme se distingue dans le large spectre des croyances spirituelles comme une philosophie rationnelle et individualiste. Il offre à chacun la possibilité d'aborder la question de Dieu avec une liberté de pensée et une profonde appréciation de la diversité des perspectives. Pour les déistes, la spiritualité est un voyage personnel dans lequel la raison et l'introspection sont des outils essentiels. Nous reconnaissons l'existence de Dieu, le créateur de l'univers, mais nous n'acceptons pas l'idée de son intervention directe dans la vie quotidienne. Nous cherchons plutôt à comprendre Dieu par l'étude réflexive, le dialogue et l'exploration des croyances. La connaissance s'acquiert par l'étude réfléchie et l'effort personnel ; tous les progrès de la science trouvent leur origine dans l'étude. C'est grâce à l'étude que vous lisez ce livre aujourd'hui ; une étude préalable a été nécessaire pour vous permettre de comprendre la représentation graphique des lettres. Sans étude, les mots de ce livre ne seraient que des dessins dépourvus de sens. Ne devrait-on pas s'attendre à ce que la compréhension de Dieu soit également obtenue par les mêmes moyens, c'est-à-dire par l'étude plutôt que par l'acceptation ?

Dans cette recherche d'une compréhension du divin, les déistes s'engagent dans un dialogue interreligieux, s'ouvrant à la richesse des différentes visions spirituelles. Ils respectent le fait que chaque tradition religieuse a quelque chose à enseigner sur Dieu. La diversité des perspectives élargit leur propre vision du divin et cultive un profond respect pour la pluralité religieuse. Cependant, les déistes préservent également un principe fondamental : la quête spirituelle doit être sincère et désintéressée. Lorsque les religions sont utilisées à d'autres fins que le rapprochement entre l'homme et Dieu, lorsque les intérêts mondains sont mêlés à la quête spirituelle, cette conception religieuse perd de sa crédibilité.

Le déisme représente donc une approche intellectuellement stimulante et respectueuse de la religion et de la spiritualité. C'est une philosophie qui célèbre la diversité des croyances tout en maintenant l'importance de préserver l'intégrité dans la recherche de la vérité divine. Dans un monde riche en perspectives spirituelles, les déistes cherchent à équilibrer le pouvoir de la raison et la profondeur de la recherche du divin, façonnant ainsi une vision du monde qui valorise la liberté de pensée et le respect des choix individuels.

Chapitre 12
La Synthèse de la Raison Déiste

Lorsque l'on explore l'essence du déisme, il est impossible de ne pas remarquer la relation profonde entre la raison et la nature divine. En tant que maître déiste, mon parcours au fil des ans m'a permis d'explorer les merveilles de ce lien et de partager des idées sur la façon dont la raison s'applique à la compréhension de la nature de Dieu.

Le déisme est une philosophie qui embrasse la raison comme un phare. Contrairement à de nombreuses traditions religieuses qui imposent des interprétations rigides, nous sommes ici encouragés à utiliser notre capacité innée de discernement. La raison est la flamme qui nous guide, nous permettant de transcender les idées préconçues des dogmes religieux.

Mon parcours m'a appris que la raison est plus qu'un outil intellectuel. Elle est une alliée dans la quête de la compréhension de la nature divine. Elle nous invite à nous interroger, à analyser et à plonger dans les profondeurs de l'existence, y compris la nature même de Dieu. Chaque étape de ce voyage révèle de nouvelles couches de compréhension.

La raison nous aide à aller au-delà des apparences superficielles et à sonder l'essence de Dieu. Elle nous permet d'explorer le sens de la vie et notre lien avec le divin d'une manière logique et cohérente. En tant que maître déiste, je partage cette vision avec l'espoir que d'autres puissent également emprunter ce chemin de découverte de soi et de croissance spirituelle.

En explorant la relation entre la raison et le déisme, un aspect fondamental qui mérite d'être souligné est le rôle de cette faculté intellectuelle en tant qu'outil d'analyse théologique. En tant qu'enseignant déiste, c'est un privilège de partager la façon dont la raison joue un rôle crucial dans notre capacité à examiner de manière critique les textes religieux et à voir au-delà des mots ou des interprétations toutes faites.

Dans l'enseignement déiste, nous comprenons que les Écritures peuvent contenir des significations symboliques et allégoriques qui sont souvent obscurcies par des interprétations littéralistes. C'est là que la raison entre en jeu, comme une lumière qui dissipe les ténèbres d'une interprétation étroite. Elle nous permet de lire entre les lignes, de remettre en question les hypothèses préétablies et de rechercher une compréhension plus profonde.

Mon parcours m'a amené à explorer les textes religieux d'un point de vue critique, en reconnaissant que la vérité est souvent plus profonde que les mots ne le laissent paraître. La raison nous aide à démêler ces couches, révélant les trésors de sagesse et de sens qui peuvent passer inaperçus aux yeux de ceux qui se contentent d'une compréhension superficielle.

L'analyse théologique dans le déisme n'est pas une simple activité intellectuelle ; c'est une quête de la connaissance divine qui transcende les frontières du dogme et de la doctrine. C'est un voyage à la découverte de soi qui nous amène à nous interroger, à réfléchir et à élargir notre compréhension de Dieu. La raison est notre boussole dans ce voyage, guidant notre exploration des vérités profondes et souvent cachées des Écritures.

Dans le déisme, nous reconnaissons que l'univers est un système vaste et complexe, soigneusement conçu par le Créateur. L'harmonie universelle est la manifestation de cet ordre divin, et c'est par la raison que nous pouvons commencer à déchiffrer ses mystères. La raison nous permet de contempler les lois naturelles qui régissent le fonctionnement de l'univers et d'apprécier la beauté de la cohérence et de la symétrie que nous trouvons dans toute la création.

Mon parcours m'a amené à contempler l'harmonie universelle avec un profond sentiment d'émerveillement. En observant les motifs répétés dans la nature, de la structure d'une fleur à l'orbite des planètes, la raison m'aide à reconnaître qu'il existe une intelligence sous-jacente qui guide tous ces phénomènes. C'est la raison qui me permet d'étudier ces modèles et de révéler l'ordre qui y réside.

La recherche de l'harmonie universelle est un voyage d'émerveillement et de découverte, dans lequel la raison agit comme une lanterne qui éclaire le chemin. En approfondissant la compréhension de cette harmonie, nous commençons à entrevoir l'unité sous-jacente de toutes choses. La raison nous aide à voir comment tous les éléments de l'univers sont interconnectés, comme les pièces d'un grand puzzle cosmique.

Le déisme embrasse l'idée que la science et la spiritualité ne doivent pas être séparées, mais complémentaires. La raison joue un rôle crucial dans cette compréhension, en nous permettant d'examiner le monde naturel avec une curiosité scientifique, tout en explorant les dimensions spirituelles de l'existence.

La raison m'a guidé sur un chemin qui valorise les preuves observables dans le monde naturel et la recherche scientifique comme moyen de comprendre comment Dieu agit à travers les lois naturelles. La science, à la lumière de la raison, n'est pas considérée comme une menace pour la spiritualité, mais comme un outil qui nous permet de percer les mystères de la création divine.

C'est la raison qui nous aide à apprécier la beauté de l'harmonie entre la science et la spiritualité. Au lieu de considérer ces deux perspectives comme contradictoires, nous sommes encouragés à les voir comme des parties d'un grand tout. La raison nous permet d'intégrer notre compréhension scientifique du monde à notre recherche spirituelle du divin.

Chapitre 13
La Science, Alliée de la Recherche du Divin

La relation complexe entre la science et la spiritualité soulève souvent la question de savoir si ces approches sont contradictoires ou complémentaires. Il est important de noter que la science et la spiritualité abordent des aspects différents de l'existence humaine. La science se consacre à l'étude du « comment » des choses, cherchant à comprendre les processus naturels et les lois qui régissent l'univers. La spiritualité, quant à elle, se concentre sur le « pourquoi » et le sens profond de l'existence, en explorant les questions liées à la moralité, à la finalité et à la transcendance.

Une approche harmonieuse entre la science et la spiritualité implique d'accepter que ces deux perspectives puissent coexister et même s'enrichir l'une l'autre. De nombreux scientifiques et penseurs ont trouvé une source de spiritualité dans la recherche scientifique. En observant la complexité et l'ordre de l'univers, ils sont inspirés pour explorer des questions plus profondes sur l'existence et la nature divine.

L'astronomie et l'astrophysique sont des domaines scientifiques qui amènent souvent les gens à contempler l'univers avec crainte et révérence. En explorant l'immensité de l'espace et les merveilles de l'univers, la science offre une fenêtre sur la grandeur de la création. Souvent, cette exploration scientifique élargit la compréhension de Dieu, en soulevant des questions sur le rôle divin dans la formation de l'univers.

Il existe des domaines où la science et la spiritualité convergent dans leurs explorations. Par exemple, la théorie du Big Bang, largement acceptée en cosmologie, décrit l'origine de l'univers à partir d'un état de densité et de température élevées. Certains voient dans cet événement cosmique la manifestation de la volonté de Dieu de créer l'univers. En outre, la complexité de la vie sur Terre et la théorie de l'évolution soulèvent également des questions sur la façon dont la vie s'inscrit dans le plan divin.

La science peut être considérée comme un outil précieux dans le cheminement spirituel. La recherche de la connaissance scientifique n'enrichit pas seulement la compréhension du monde naturel, mais renforce également la foi en révélant la beauté et l'harmonie des lois de la nature. Nombreux sont ceux qui pensent que la recherche de la vérité divine peut être enrichie par une compréhension plus profonde du cosmos et des mystères de l'existence élucidés par la science.

L'exploration scientifique de l'univers, en particulier dans les domaines de l'astronomie et de l'astrophysique, a été une quête constante pour comprendre les secrets de l'univers. Cette exploration offre des perspectives précieuses sur la nature du cosmos, ses origines et sa complexité. Ces connaissances, à leur tour, ont un impact significatif sur la façon dont nous percevons le divin et peuvent enrichir notre cheminement spirituel.

L'astronomie nous permet de contempler l'immensité de l'espace, avec ses milliards de galaxies, d'étoiles et de planètes. Cette immensité cosmique suscite souvent un sentiment d'émerveillement et de crainte. Nombreux sont ceux qui considèrent ces découvertes scientifiques comme la manifestation de la grandeur de Dieu, se demandant comment un univers aussi vaste et complexe a pu voir le jour.

Dans le cheminement spirituel, les étoiles et les planètes jouent souvent un rôle symbolique. Elles sont considérées comme des points de référence dans le ciel nocturne, guidant les gens dans leur quête de sens. En révélant la nature et la formation de ces corps célestes, la science astronomique permet de mieux comprendre le rôle du cosmos dans les croyances et les pratiques spirituelles.

L'un des aspects philosophiques que la science astronomique peut corroborer est l'origine de l'univers à partir d'une grande explosion, le fameux « Big Bang ». Cet événement gigantesque a généré les éléments primordiaux, qui n'ont d'abord formé que de la poussière cosmique. Ces poussières se sont progressivement regroupées et ont formé des molécules d'autres éléments qui ont ensuite donné naissance à tout ce que nous connaissons. Dans ce contexte, on peut dire que l'on fait partie de l'univers, car tout ce qui le compose était déjà présent dans la première poussière cosmique. D'une manière poétique, je peux dire que vous avez toujours existé et que vous existerez toujours.

L'astrophysique explore l'évolution de l'univers, du Big Bang à la formation des galaxies, des étoiles et des planètes. Ce récit scientifique de l'histoire de l'univers soulève des questions sur la manière dont le plan divin pourrait être lié à l'expansion et au développement de l'univers. Nombreux sont ceux qui voient dans la science un moyen de déchiffrer les mystères de la création divine.

L'exploration scientifique du cosmos permet non seulement de mieux comprendre l'univers, mais aussi d'enrichir le voyage spirituel. Grâce à la connaissance scientifique, nous pouvons mieux apprécier la complexité et la beauté de la création divine. L'exploration spatiale nous rappelle l'immensité du cosmos et la petitesse de la Terre, ce qui peut nous inspirer un sentiment d'humilité et de révérence envers le divin.

La science est connue pour sa méthode scientifique rigoureuse basée sur l'observation, l'expérimentation, l'analyse critique et la formulation d'hypothèses vérifiables. Cette approche, centrée sur les preuves empiriques, peut être adaptée à l'étude des questions spirituelles et religieuses, favorisant ainsi une recherche plus fondée et mieux informée de la connaissance divine.

La méthode scientifique encourage une approche critique de l'évaluation et de l'examen des croyances religieuses. Cela n'implique pas nécessairement de discréditer ces croyances, mais plutôt de les soumettre à un examen rationnel et empirique. Grâce à l'analyse critique, nous pouvons mieux comprendre le fondement des croyances religieuses et la manière dont elles sont liées à notre recherche de Dieu.

La spiritualité traite souvent d'expériences personnelles et transcendantales. L'application de la méthode scientifique nous aide à examiner ces expériences d'un point de vue empirique. La recherche scientifique sur les expériences spirituelles, la méditation, la prière et les états modifiés de conscience permet de mieux comprendre comment ces pratiques affectent le lien avec Dieu.

La méthode scientifique nous encourage également à formuler des hypothèses vérifiables liées à la spiritualité et à la recherche de la connaissance divine. Cela signifie que nous pouvons développer des questions et des théories qui peuvent être étudiées de manière empirique, ce qui permet une recherche plus systématique et plus ciblée de la vérité divine.

L'application de la méthode scientifique à la recherche de la connaissance divine ne signifie pas nécessairement un conflit entre la science et la religion. Au contraire, elle peut ouvrir la voie à une intégration plus harmonieuse entre les deux perspectives. La science peut fournir des informations précieuses qui complètent les croyances spirituelles, créant ainsi une approche plus holistique de la compréhension de Dieu.

L'un des principaux défis de l'intégration de la science et de la spiritualité est le conflit apparent entre les croyances religieuses et les résultats scientifiques. Dans certains cas, les interprétations littérales des textes religieux peuvent entrer en conflit direct avec les connaissances scientifiques établies. Par exemple, la théorie de l'évolution peut être considérée comme une remise en cause de certaines interprétations créationnistes des religions monothéistes. Ces conflits peuvent créer des dilemmes pour ceux qui cherchent à mieux comprendre Dieu.

Ce qui a été construit au fil des âges par les systèmes religieux a créé une barrière, tout en intégrant les dogmes religieux si profondément dans l'inconscient collectif que, même s'ils ne peuvent réfuter la science, des questions telles que l'évolution des espèces ou le Big Bang sont considérées avec scepticisme par les religieux les plus fervents.

Pour surmonter les difficultés liées à l'intégration de la science et de la spiritualité, il est essentiel d'adopter une approche qui valorise les deux perspectives. Cela implique de reconnaître que la science et la spiritualité sont des domaines distincts, chacun ayant son propre champ d'application et ses propres méthodes. La science cherche à expliquer le « comment » de l'univers, tandis que la spiritualité s'intéresse au « pourquoi » et au sens profond de l'existence.

L'une des approches adoptées par de nombreuses personnes pour concilier les croyances religieuses et la science est l'interprétation non littérale des textes religieux. Au lieu de considérer ces textes comme des descriptions littérales d'événements, on peut les considérer comme allégoriques ou symboliques. Cela permet aux gens de conserver leurs croyances spirituelles tout en acceptant les découvertes scientifiques.

Dans ce contexte, on peut affirmer que toute l'eau contenue dans les océans, ou même en suspension, ne suffirait pas à inonder la planète entière, comme le disent certaines écritures. L'impossibilité scientifique de l'événement connu sous le nom de Déluge oblige à accepter que sa description ne soit qu'allégorique. Il s'agit d'un point crucial, car ne pas accepter la description comme une citation allégorique impliquerait que l'affirmation de l'occurrence du déluge, selon la science, ne correspond pas à la vérité, ce qui mettrait en doute le reste du contenu du livre dans lequel le texte est inséré.

Ainsi, l'approche flexible permet à la science et à la spiritualité de coexister de manière plus harmonieuse, en reconnaissant que chacune joue un rôle distinct dans la recherche de la connaissance de Dieu. Cela permet non seulement d'enrichir la compréhension du divin, mais aussi de surmonter les défis et les dilemmes qui découlent de l'intégration de ces deux perspectives apparemment divergentes.

Une autre façon d'intégrer la science et la spiritualité consiste à appliquer des valeurs spirituelles et éthiques dans le contexte scientifique. Il s'agit d'utiliser des principes spirituels, tels que la compassion, l'empathie et l'attention portée aux autres, comme lignes directrices pour la recherche scientifique et l'utilisation responsable de la technologie. L'intégration des valeurs spirituelles peut enrichir la pratique scientifique et contribuer à orienter les progrès technologiques de manière éthique.

L'intégration de la science et de la spiritualité requiert également une volonté d'accepter la complexité.

Toutes les questions n'ont pas de réponses simples et de nombreux aspects du divin peuvent rester mystérieux. La recherche de la connaissance divine est un voyage permanent, et la volonté d'explorer les intersections entre la science et la spiritualité peut conduire à une compréhension plus riche et plus enrichissante de l'univers et de Dieu.

Chapitre 14
La Vision Déiste de Dieu

Dans ma quête de la compréhension divine, la conception de Dieu joue un rôle central et transcendantal. Pour comprendre le déisme, il est essentiel de saisir ma vision unique de Dieu.

De mon point de vue, Dieu se manifeste comme une entité immatérielle, dépourvue de forme physique. Cette conception contraste avec celle de nombreuses religions, qui personnifient les divinités sous la forme d'êtres anthropomorphes. Pour moi, Dieu représente une présence spirituelle qui imprègne l'univers, à la fois source primordiale de toutes choses et essence qui transcende toutes les formes. Cette vision immatérielle de Dieu m'invite à établir un lien unique avec la divinité, dépourvu de rituels et de dogmes, tout en recherchant une compréhension plus personnelle.

En plus de sa nature immatérielle, je conçois Dieu comme une entité transcendantale. Cela implique que Dieu est au-delà de la compréhension, inaccessible aux concepts humains. La transcendance de Dieu est ce qui rend possible l'existence de l'univers et de l'ordre naturel qui le régit. Dieu, l'architecte suprême, a établi les lois de l'univers et a permis à la vie de s'épanouir selon ces lois, sans interférer directement dans les affaires humaines.

Dieu m'invite à contempler le mystère de l'existence et à rechercher la compréhension divine par la raison et l'observation du monde qui m'entoure. La recherche de la connaissance de Dieu représente pour moi un voyage personnel et continu, une exploration intellectuelle et spirituelle qui défie l'esprit et nourrit l'âme. Ce faisant, je m'efforce de comprendre le but de la vie et le lien entre l'existence humaine et le plan divin.

Pour comprendre la perspective déiste sur Dieu, il est essentiel de démêler les représentations anthropomorphiques qui dominent souvent les conceptions religieuses traditionnelles. En rejetant la notion d'un Dieu à forme humaine, ou toute autre façon dont les religions le dépeignent, je remets en question les limites de l'esprit humain et j'encourage chacun à transcender les images courantes associées à la divinité.

De nombreuses religions dépeignent souvent Dieu avec des caractéristiques humaines, telles qu'un visage, des bras, des jambes et des attributs émotionnels. Cette anthropomorphisation de Dieu le rend plus accessible aux gens, leur permettant de s'identifier à une figure divine qui semble compréhensible et accessible.

Cependant, je soutiens que cette approche restreint la nature divine et enferme Dieu dans une boîte limitée.

Dans ce contexte, il est essentiel de préciser que toute tentative humaine de représenter l'image de Dieu de manière plastique est inadéquate, même pour les esprits les plus modestes. La forme humaine est une adaptation biologique qui s'est avérée nécessaire à la survie de l'espèce et qui, au fil du temps, s'est affinée pour répondre aux besoins. Il est incompréhensible que l'esprit humain, qui est rationnel, puisse concevoir qu'un être qui n'a pas subi ces adaptations biologiques ait une forme similaire.

Ma vision de Dieu est celle d'une entité si vaste et si complexe que l'esprit humain ne peut l'englober entièrement. En rejetant les représentations anthropomorphiques, j'invite chacun à regarder au-delà des images conventionnelles de Dieu et à explorer la véritable nature de la divinité. J'insiste sur le fait que la compréhension de Dieu doit être fondée sur la raison, l'observation de l'ordre naturel et la recherche continue de la connaissance. Cette recherche de la véritable nature de Dieu représente un voyage intellectuel et spirituel qui défie l'esprit et élargit les horizons de la compréhension humaine.

Aujourd'hui, je perçois l'univers comme une manifestation de la volonté divine d'un Dieu immatériel et transcendantal. Au lieu d'être un personnage actif qui intervient constamment dans la création, Dieu est le créateur qui a établi les lois naturelles qui régissent le cosmos. Lorsque j'ai adopté cette perspective, j'ai éprouvé un profond soulagement, car j'étais libéré de l'image d'un Dieu punitif et insensible qui ne favorise que quelques-uns.

Ma vision de la nature immatérielle et transcendantale de Dieu met l'accent sur la simplicité et l'universalité de la divinité. Au lieu d'adhérer à des mythologies complexes ou à des dogmes religieux, je trouve la beauté dans la simplicité de ma vision de Dieu en tant que cause primordiale de tout ce qui existe. Cela m'inspire à apprécier la création dans sa forme la plus pure, en reconnaissant la présence de Dieu dans l'harmonie du monde naturel.

Ma compréhension de la nature immatérielle et transcendantale de Dieu est aussi un appel à la responsabilité humaine dans la préservation et le soin de la création. Je crois qu'en tant qu'êtres rationnels, nous avons le devoir éthique et moral de protéger l'environnement et de promouvoir l'harmonie dans le monde. Comprendre la divinité comme transcendantale me rappelle que nous faisons partie d'un ordre plus grand et que notre lien avec Dieu se reflète dans nos actions.

Il est fondamental de comprendre comment cette conception de la nature immatérielle et transcendantale de Dieu est liée à la vie humaine et au cheminement spirituel. Je crois que cette vision unique de la divinité a des implications profondes pour la compréhension de l'âme, de l'existence humaine et du chemin vers la connaissance divine.

Selon moi, l'âme humaine est une étincelle divine, une partie de l'essence transcendantale de Dieu. Cette conception, ancrée dans la nature immatérielle de Dieu, met l'accent sur l'idée que chaque individu porte en lui un lien intrinsèque avec le divin. L'âme est perçue comme immortelle, non sujette à la mort physique, et son voyage est intrinsèquement lié à la quête de la compréhension de Dieu et de l'évolution spirituelle.

Je crois que la recherche de la connaissance divine est un voyage personnel et intellectuel qui implique l'exploration de ma propre âme. Je crois qu'en cultivant la raison, l'éthique et la contemplation, je peux me rapprocher de Dieu. La nature transcendantale de Dieu sert d'inspiration à cette quête permanente, m'encourageant à approfondir ma compréhension de la divinité et de l'univers.

J'insiste sur l'importance de l'éthique en tant que partie intégrante du voyage spirituel. Je crois que la compréhension de la moralité est intrinsèquement liée à la compréhension de la volonté divine et à la reconnaissance de la responsabilité humaine dans la préservation de l'équilibre et de l'harmonie dans le monde. Ce lien entre éthique et spiritualité est un élément essentiel de ma vision de la nature transcendantale de Dieu.

Ma compréhension de Dieu en tant qu'entité immatérielle et transcendantale invite à la contemplation. Cette contemplation ne se limite pas à des rituels religieux spécifiques, mais implique une quête intellectuelle et spirituelle qui invite à méditer sur la nature de l'univers et sa relation avec Dieu. C'est un appel à approfondir son lien spirituel par la réflexion et la recherche continue de la connaissance divine.

Je considère la recherche de l'unité avec Dieu comme le but suprême du voyage spirituel. Je crois qu'au cours de ce voyage, l'âme se rapproche progressivement de la divinité, transcendant les limites de l'existence humaine et retournant à l'unité avec le transcendantal. Cette recherche de l'unité avec Dieu représente l'accomplissement du voyage spirituel.

Cependant, je reconnais que la recherche de la connaissance divine et de l'unité avec Dieu est un voyage permanent. Il ne s'agit pas d'une destination, mais d'un processus incessant d'amélioration et de réflexion spirituelles.

Chapitre 15
L'évolution des Représentations de Dieu

Depuis l'aube de la civilisation, l'humanité a cherché à comprendre le divin. Dans différentes cultures et à différentes époques, nous assistons à l'émergence de dieux et de déesses, chacun reflétant les préoccupations, les craintes et les aspirations des sociétés qui les vénéraient. Ces représentations divines ont été modelées en fonction des besoins culturels, sociaux et psychologiques de l'époque.

Les déistes, comme moi, croient que Dieu est une entité transcendante, une force qui dépasse la capacité de l'esprit humain à la comprendre pleinement. Cependant, tout au long de l'histoire, nous avons été témoins d'une tendance remarquable : la création de représentations anthropomorphiques de Dieu. Cela soulève une question intrigante : comment un être divin et éternel peut-il être décrit d'une manière aussi variable et parfois contradictoire ?

Dans ce contexte, nous assistons à la création de dieux et de déesses qui reflètent non seulement les désirs des civilisations anciennes, mais aussi les éléments naturels et les forces cosmiques qui ont façonné leur vie, tout en répondant largement aux besoins de contrôle des masses par la foi.

Sur les rives du Nil, les Égyptiens vénéraient une panoplie de divinités, chacune représentant des aspects spécifiques de la vie, de la mort et de l'au-delà. Les dieux égyptiens, tels qu'Isis, Osiris et Râ, personnifiaient des éléments de la nature et des phénomènes cosmiques. Ils donnaient un sens et un ordre à un monde souvent mystérieux et impitoyable.

Dans la Grèce antique, les divinités régnaient sur le mont Olympe, chacune apportant une dimension unique à l'expérience humaine. Zeus, le tout-puissant, symbolisait l'autorité et la foudre ; Aphrodite personnifiait l'amour et la beauté ; Athéna représentait la sagesse et la stratégie. Ces dieux et déesses étaient des entités anthropomorphiques, souvent influencées par les passions et les faiblesses humaines.

Dans l'Inde ancienne, des divinités telles que Brahma, Vishnu et Shiva personnifiaient les aspects du cycle de la vie, de la mort et de la renaissance. Ces dieux étaient vénérés sous différentes formes et manifestations, reflétant la complexité spirituelle de la culture indienne.

En Chine, le taoïsme et le confucianisme ont façonné la compréhension spirituelle. Le Tao, une force cosmique immuable, était au cœur du taoïsme, tandis que Confucius mettait l'accent sur la moralité et l'éthique en tant que principes clés d'une société harmonieuse.

À Rome, les dieux étaient adaptés de la mythologie grecque, mais avec des noms différents. Jupiter, correspondant à Zeus, était le seigneur des dieux, tandis que Mars personnifiait la guerre et Vénus, l'amour et la fertilité. Ces représentations divines ont joué un rôle fondamental dans la culture romaine et se sont reflétées dans la religion, la politique et la vie quotidienne.

Ce qui rend l'histoire de Rome encore plus fascinante, c'est la transition religieuse qui a eu lieu à partir de 312 après Jésus-Christ. Cette année-là, l'Empire romain est confronté à des divisions religieuses et politiques. Selon les récits historiques, l'empereur Constantin a eu une vision remarquable. Il rapporte avoir vu une croix dans le ciel avec l'inscription « In hoc signo vinces » (Dans ce signe, tu gagneras). Constantin interpréta cela comme un signe divin et décida d'adopter le symbole chrétien, connu sous le nom de Chi-Rho, sur les insignes de son armée avant la bataille. À la surprise générale, Constantin remporte cette bataille décisive et attribue sa victoire au Dieu chrétien.

L'année suivante, en 313, Constantin publie l'édit de Milan, avec son co-empereur Licinius. Il s'agit d'une étape importante dans l'histoire, car il accorde la tolérance religieuse à toutes les religions au sein de l'Empire romain, y compris le christianisme. Cette mesure a encouragé la liberté religieuse et a permis au christianisme de se développer sans persécution.

La christianisation de l'Empire romain a représenté une transformation religieuse significative, mais elle a également suscité des inquiétudes quant à la fusion de l'Église avec le pouvoir politique. À mesure que la foi chrétienne se développait, l'institution ecclésiastique a commencé à acquérir une influence et une autorité politiques, ce qui pourrait être considéré comme une distorsion des principes originaux du christianisme, qui mettaient l'accent sur la simplicité et la moralité. Cette évolution a également entraîné des périodes d'intolérance religieuse, comme l'Inquisition, qui a réprimé toute forme de dissidence religieuse, marquant ainsi une période difficile dans l'histoire du christianisme.

Le Moyen-Âge a été une période marquée par des changements significatifs dans les opinions religieuses et la compréhension de Dieu. Au cours du Moyen Âge, l'influence du christianisme s'est étendue à toute l'Europe et au-delà, façonnant profondément la conception de Dieu pour de nombreuses personnes. Dans ce contexte, la vision de Dieu a été de plus en plus influencée par les écritures et les enseignements de la Bible.

Le Dieu d'Abraham, vénéré par le judaïsme, le christianisme et l'islam, est apparu comme la figure centrale. Ce Dieu était souvent représenté comme le créateur de l'univers, le juge suprême et le dirigeant de toute la création. Il était perçu comme un être qui intervient activement dans la vie humaine, orientant les destins, distribuant récompenses et punitions et élisant pour lui-même quelques élus.

Les églises chrétiennes du Moyen Âge ont mis l'accent sur l'autorité du clergé et sur la nécessité d'une médiation religieuse pour atteindre le salut. L'Église catholique jouait un rôle dominant dans la vie des gens, contrôlant non seulement les aspects spirituels, mais aussi les aspects politiques et sociaux. Dieu était souvent représenté comme une figure lointaine dont l'accès était médiatisé par la hiérarchie religieuse.

Mais c'est aussi une période d'intense dévotion et de recherche spirituelle. Les cathédrales gothiques, comme la cathédrale Notre-Dame, sont des témoins impressionnants de cette dévotion, avec leur architecture majestueuse et leurs vitraux qui racontent des histoires bibliques. À cette époque, les gens cherchaient Dieu à travers des rituels, des prières et des pèlerinages, en quête d'un lien direct avec le divin. Cependant, à mon avis, cette approche peut être considérée comme contradictoire avec la vision de Dieu comme une entité omniprésente, puisqu'il est partout.

L'influence du philosophe chrétien Thomas d'Aquin a apporté une nouvelle dimension à la compréhension de Dieu. Il a soutenu que la raison humaine pouvait être utilisée pour mieux comprendre Dieu et sa relation avec le monde. Cette synthèse entre foi et raison a eu un impact durable sur la théologie chrétienne.

Cependant, le Dieu du Moyen Âge est souvent devenu un être redoutable, associé à des jugements sévères et à des punitions divines. La vision d'un Dieu vengeur et implacable a engendré une peur généralisée et une recherche désespérée de la rédemption.

Le déisme est apparu comme une réponse à cette vision de Dieu. Nous affirmons que Dieu est une entité transcendante et bienveillante, qui n'est pas limitée par les représentations ou les peurs humaines. Pour les déistes, Dieu est le créateur de l'univers, mais aussi l'observateur impartial qui laisse le monde suivre son cours naturel sans intervention arbitraire.

Le déisme nous met au défi de rechercher une compréhension plus profonde de Dieu, qui dépasse les représentations culturelles et les images d'un Dieu anthropomorphique. Notre vision de Dieu comme une entité qui transcende toutes les représentations humaines nous invite à explorer la nature divine d'une manière plus ouverte et plus large.

En explorant l'évolution des représentations de Dieu, n'oublions pas que ces visions sont façonnées par les besoins culturels, psychologiques et politiques de leur époque. Chaque époque apporte sa propre compréhension de Dieu, et le déisme nous invite à une réflexion critique sur ces représentations, à la recherche d'une compréhension plus profonde et plus universelle de la nature divine, en questionnant et en remettant en cause les idées préconçues, à la recherche de la compréhension la plus complète de la divinité.

La Renaissance a été marquée par une explosion de créativité, de pensée critique et une redécouverte de l'importance de l'individualité.

À la Renaissance, l'accent mis sur la compréhension de Dieu a pris une nouvelle direction. L'accent est mis sur la capacité humaine à raisonner, à explorer et à s'exprimer de manière créative. Des artistes tels que Léonard de Vinci et Michel-Ange ont créé des chefs-d'œuvre qui ont captivé l'imagination et célébré la beauté de l'existence humaine.

La vision de Dieu commence à s'éloigner des représentations autoritaires et distantes du Moyen Âge. Les philosophes de la Renaissance ont exploré des idées sur la nature de Dieu qui soulignaient le lien entre le divin et l'humain. Ils ont soutenu que la recherche de la connaissance et l'expression artistique étaient des moyens de se rapprocher de Dieu.

L'idée que la quête de la connaissance est un voyage spirituel a pris de l'importance. L'étude des sciences naturelles, telles que l'astronomie et l'anatomie, était considérée comme un moyen de mieux comprendre la création. Cela remettait en question la vision traditionnelle de Dieu comme une entité surnaturelle qui intervenait directement dans le monde.

L'épanouissement de l'individualité et de l'expression personnelle a donné lieu à de nouvelles interprétations de Dieu. Des philosophes tels que Giordano Bruno ont proposé des idées qui remettaient en question la vision conventionnelle de Dieu. Il soutenait que Dieu était une force immanente à l'univers, présente en toutes choses.

La Renaissance est une période d'exploration intellectuelle et d'expansion des frontières de la pensée humaine. Cette époque a encouragé la recherche d'une compréhension plus personnelle et plus directe de Dieu, en contraste avec la vision impersonnelle et autoritaire qui prévalait au Moyen-Âge.

Cependant, à mesure que nous avançons dans notre voyage d'exploration, nous nous rappelons que les représentations de Dieu continuent d'évoluer. Chaque époque apporte ses propres perspectives et défis, et notre compréhension de la divinité continue de s'élargir, même si le Dieu auquel nous croyons reste le même.

Chapitre 16
L'évolution des Représentations de Dieu

La révolution scientifique, qui a atteint son apogée aux XVIe et XVIIe siècles, a jeté une lumière nouvelle sur la nature de l'univers et, par conséquent, sur notre compréhension de Dieu.

Dans la période qui a suivi le Siècle des Lumières, des scientifiques de renom tels que Galilée, Johannes Kepler et Isaac Newton ont mené une véritable révolution dans la compréhension des lois naturelles qui régissent l'univers. Leurs découvertes, telles que les lois du mouvement et la loi de la gravité, ont donné une vision plus cohérente et plus complète du fonctionnement de l'univers.

Cette nouvelle compréhension a soulevé des questions importantes sur la relation entre Dieu et la création. Le mécanicisme, une perspective philosophique qui conçoit l'univers comme une machine parfaitement ordonnée, a conduit certains à concevoir Dieu comme un grand horloger divin. Dans cette perspective, Dieu a planifié l'univers et l'a mis en mouvement, sans intervenir directement dans son fonctionnement.

Cette représentation de Dieu en tant que « divin horloger » mettait l'accent sur l'ordre et la régularité de l'univers, reflétant les lois naturelles découvertes par la science. Cependant, elle éloignait également Dieu de la sphère d'intervention directe dans la vie humaine, alors que la recherche d'explications rationnelles et naturelles pour des phénomènes auparavant considérés comme miraculeux devenait de plus en plus courante.

Pour les déistes, ce point de vue était compatible avec leur croyance en un Dieu qui a créé l'univers, mais qui n'intervient pas constamment dans la vie humaine. La science, en ce sens, était considérée comme un outil permettant d'élucider les merveilles de la création divine.

Au fur et à mesure que la science progressait, de nouvelles découvertes ont continué à remettre en question les conceptions traditionnelles de Dieu. Des théories telles que l'évolution de Charles Darwin et la théorie du Big Bang ont transformé notre compréhension de l'origine de la vie et de l'univers. Ces théories offraient des explications naturelles à des phénomènes qui étaient auparavant attribués à l'action directe de Dieu.

Les déistes ont dû relever le défi de réconcilier ces nouvelles découvertes avec leur croyance en un Dieu créateur. Nombre d'entre eux ont soutenu que la science et la religion ne s'excluaient pas l'une l'autre, mais qu'elles constituaient des approches complémentaires pour comprendre l'univers. Pour eux, la science révélait comment les lois naturelles de Dieu agissaient dans le monde, tandis que la religion continuait à explorer les questions de sens et de finalité.

Avec le développement des connaissances, nous avons atteint un point où la conception de Dieu comme expression du mystère universel joue un rôle central dans la spiritualité déiste. Cette vision transcende les représentations anthropomorphiques et nous invite à contempler la divinité d'une manière plus abstraite et universelle.

Au cœur de cette représentation se trouve l'idée que Dieu est la manifestation du mystère cosmique qui imprègne l'univers. Il ne s'agit pas d'un Dieu distant et personnel, mais d'une présence immanente qui se révèle dans tous les aspects de la création. Pour les déistes, Dieu se trouve dans l'ordre et l'harmonie du cosmos, dans la beauté de la nature et dans la complexité du monde naturel.

Cette vision de Dieu comme expression du mystère universel nous invite à transcender les concepts limités et à nous connecter à quelque chose qui dépasse l'entendement. C'est un appel à l'humilité, à la crainte et à la révérence devant l'immensité de l'univers et de la nature divine.

Pour les déistes, cette perspective spirituelle est profondément inspirante. Elle nous rappelle que nous faisons partie de quelque chose de plus grand et que notre voyage spirituel implique l'exploration de ce mystère universel. Chaque découverte scientifique, chaque moment d'émerveillement devant la nature et chaque réflexion profonde sur le cosmos nous rapproche de cette prise de conscience.

L'expression du mystère universel nous incite également à embrasser la diversité des croyances et des religions dans le monde. Nous reconnaissons que les différentes traditions spirituelles offrent des visions variées de Dieu, chacune capturant un aspect de l'infini. Plutôt que de nous diviser, cette vision nous unit dans notre quête de la connaissance divine.

En fin de compte, comprendre Dieu comme une expression du mystère universel nous invite à embrasser la beauté de l'incertitude et la richesse d'une exploration spirituelle permanente. Il s'agit d'un voyage au cours duquel nous ne cherchons pas de réponses définitives, mais une connexion plus profonde avec le divin à travers la contemplation du mystère qui imprègne la création.

L'évolution des représentations de Dieu nous conduit à une intersection intrigante : comment le concept de Dieu dans le déisme est lié aux institutions religieuses traditionnelles et, en même temps, à la spiritualité individuelle. Il s'agit là d'un point de départ fondamental pour comprendre la perspective déiste sur le rôle des religions et la quête spirituelle personnelle.

Dans le déisme, nous trouvons souvent une saine tension entre la compréhension du divin en tant que mystère universel et la dynamique des religions organisées. Les déistes apprécient la diversité des traditions religieuses dans le monde, reconnaissant que chacune d'entre elles offre une perspective unique pour contempler la spiritualité.

D'une part, les institutions religieuses traditionnelles ont joué un rôle important dans l'histoire de l'humanité, en fournissant des cadres pour le culte, l'éthique et la communauté. Cependant, les déistes optent pour un chemin spirituel plus personnel, préférant une relation directe avec le divin, sans structures dogmatiques ni pratiques rituelles. En ce sens, de nombreuses personnes adoptent des pratiques déistes sans même s'en rendre compte, puisqu'il est courant dans la société moderne de ne plus fréquenter les églises, le concept d'un Dieu omniprésent permettant d'entrer en contact avec lui n'importe où. La réponse la plus fréquente des personnes qui adoptent cette pratique est : « Je n'ai pas besoin d'aller à l'église pour parler à Dieu ».

Pour les déistes, la recherche personnelle de Dieu est un acte profondément significatif. La spiritualité individuelle permet une exploration plus libre et plus ouverte du divin, sans les restrictions de doctrines religieuses spécifiques. C'est un voyage qui encourage la découverte de soi, la contemplation et la recherche de la connaissance divine à un niveau personnel.

Cette relation directe avec le divin se manifeste également dans la manière dont les déistes interprètent les textes religieux. Au lieu d'adhérer de manière rigide aux écritures sacrées, les déistes ont tendance à les utiliser comme sources d'inspiration et de réflexion. Nous cherchons un sens personnel aux mots, explorant la manière dont ces écritures se rapportent à notre compréhension de Dieu.

Le déisme considère la spiritualité comme un voyage permanent, encourageant les gens à rechercher constamment une compréhension plus profonde de Dieu et de l'univers. Il n'y a pas de dogme rigide qui définisse la foi déiste ; au contraire, la foi est façonnée par la recherche personnelle et la contemplation du mystère universel.

Cette approche spirituelle reflète l'esprit curieux des déistes, qui valorisent la raison, la science et la recherche de la vérité. Nous pensons que la recherche de Dieu ne doit pas être limitée par des frontières religieuses.

Au cœur du déisme se trouve la croyance que Dieu est une source pérenne d'inspiration et d'orientation. Alors que nous explorons l'évolution des représentations de Dieu à travers l'histoire de l'humanité, il est essentiel de comprendre comment les déistes considèrent le divin comme une force qui influence leur vie de manière pratique et significative.

Les déistes trouvent leur inspiration dans la contemplation de la grandeur et de la complexité de l'univers. Lorsqu'ils observent le cosmos, ils voient la main de Dieu dans l'ordre et la beauté du monde naturel. Cette vision inspirante du divin nous encourage à rechercher une compréhension plus profonde de la nature et des mystères de l'univers.

La guidance divine joue également un rôle crucial dans la spiritualité déiste. Nous croyons que Dieu a non seulement créé l'univers, mais qu'il a également établi des lois et des principes qui régissent le fonctionnement du monde. Nous considérons ces lois comme un guide pour mener une vie éthique et morale.

La recherche de conseils divins implique de réfléchir à ces lois naturelles et de les appliquer à la vie. Les déistes croient qu'en vivant en harmonie avec les lois divines, ils peuvent atteindre un état d'équilibre et de paix intérieure. Cela les conduit à prendre des décisions éthiques et à agir avec compassion envers les autres.

Dieu est perçu comme une présence constante et bénéfique, offrant des conseils subtils à travers l'observation et la contemplation du monde. Pour les déistes, la nature est un livre ouvert qui révèle des principes divins, et ils l'étudient avec révérence.

La vision déiste de Dieu comme source d'inspiration et de conseils pratiques transcende les frontières de la religion organisée. Elle invite chaque individu à trouver un sens et un but à son propre cheminement spirituel. Les déistes valorisent la liberté de chercher Dieu de manière personnelle, tout en s'efforçant de vivre selon les principes éthiques et moraux qu'ils considèrent comme fondamentaux.

Il est important de souligner que le déisme est un voyage permanent. La recherche de la connaissance divine dans le déisme n'est jamais achevée, car elle est intrinsèquement liée à la recherche d'une compréhension de la complexité de l'univers et de la nature humaine.

Dans le déisme, nous valorisons la réflexion, le questionnement et la recherche constante de la vérité. Nous croyons que la compréhension de Dieu et du divin est un voyage qui dure toute une vie et qui va au-delà. C'est un voyage qui nous amène à explorer non seulement le cosmos et l'existence humaine, mais aussi notre propre nature et notre but.

Le déisme ne cherche pas de réponses simplistes ni de dogmes inflexibles. Il encourage au contraire la pensée critique et l'exploration intellectuelle. L'évolution des représentations de Dieu est une manifestation de cette recherche permanente de la compréhension. Au fur et à mesure que l'humanité évolue, notre vision du divin évolue également, reflétant ainsi notre progrès intellectuel et spirituel.

Cette philosophie nous incite à rester ouverts aux nouvelles découvertes et à reconnaître que nos représentations de Dieu ne sont que des tentatives humaines de saisir l'ineffable. Nous ne pouvons prétendre comprendre pleinement le mystère divin, mais nous pouvons nous efforcer de l'approcher par la contemplation, la réflexion et la recherche constante de la connaissance.

Je vous invite à garder l'esprit ouvert aux mystères que le déisme a à offrir. Dans le déisme, nous trouvons une voie qui nous permet d'explorer notre spiritualité de manière personnelle, tout en embrassant les principes éthiques et moraux que nous considérons comme fondamentaux.

Chapitre 17
L'universalité de la Recherche de Dieu

La recherche universelle de Dieu est un voyage qui transcende les cultures et les époques. Depuis l'aube de l'humanité, les hommes ont regardé le ciel étoilé, les phénomènes naturels et leur propre intérieur pour trouver des réponses sur l'existence et le divin. Cette recherche ne connaît ni frontières géographiques, ni barrières linguistiques, ni limites temporelles.

Les déistes ont une compréhension profonde de cette recherche innée de Dieu, car elle est au cœur de notre foi. La vision déiste de Dieu comme Créateur de l'univers et des lois naturelles résonne avec l'observation de l'ordre et de la beauté qui imprègnent le cosmos. L'universalité de cette quête témoigne du lien intrinsèque entre l'humanité et le divin.

Tout au long de l'histoire, les différentes cultures ont développé leurs propres représentations et concepts de Dieu, façonnés par leurs contextes culturels uniques, leurs expériences et leurs compréhensions. Cependant, quelles que soient les représentations spécifiques, la recherche de la vérité divine reste un fil conducteur qui unit toutes les civilisations.

Les déistes reconnaissent la diversité des croyances et des pratiques religieuses dans le monde et respectent la richesse de ce paysage spirituel. Nous considérons cette diversité comme l'expression de la quête humaine d'une compréhension plus profonde de la divinité. Après tout, la recherche de Dieu n'est pas seulement un voyage intellectuel, mais aussi un voyage du cœur et de l'âme.

Alors que nous explorons l'universalité de la recherche de Dieu, je vous invite à réfléchir à la beauté de cette diversité et à réaliser que, malgré les différences externes, nous partageons tous un désir intrinsèque de nous connecter à quelque chose de plus grand que nous. C'est dans cette recherche que nous trouvons notre humanité commune et l'étincelle divine qui habite chacun d'entre nous.

La recherche universelle de Dieu est profondément imbriquée dans le tissu de la religion et de la spiritualité humaines. L'histoire de l'humanité est pleine de traditions religieuses qui offrent des interprétations diverses et riches de la divinité. Les déistes reconnaissent et respectent cette diversité religieuse comme faisant partie de la recherche humaine de Dieu.

Contrairement à de nombreuses traditions religieuses, le déisme se distingue par son approche particulière. Nous considérons Dieu comme le Créateur, mais pas comme un être qui intervient directement dans la vie humaine. Ce point de vue peut être considéré comme une tentative de comprendre Dieu d'une manière plus rationnelle, loin des représentations anthropomorphiques que l'on trouve souvent dans les religions traditionnelles.

La relation entre le concept de Dieu dans le déisme et les institutions religieuses traditionnelles peut être complexe. Alors que certaines personnes trouvent réconfort et conseils dans ces institutions, d'autres recherchent une spiritualité plus personnelle et individuelle. Les déistes valorisent la liberté de choix spirituel, estimant qu'un lien avec Dieu peut être trouvé tant à l'intérieur qu'à l'extérieur des structures religieuses conventionnelles.

La spiritualité individuelle joue un rôle fondamental dans le cheminement de nombreux déistes. Nous considérons Dieu comme une source d'inspiration et d'orientation dans notre vie quotidienne, même si nous ne suivons pas de rituels religieux spécifiques. La divinité est une présence constante dans nos réflexions et dans la manière dont nous cherchons à mener une vie éthique et pleine de sens.

L'universalité de la recherche de Dieu se reflète dans la diversité des religions et des systèmes de croyance que l'humanité embrasse. Dans le déisme, nous trouvons notre propre interprétation de ce mystère divin, qui met l'accent sur la rationalité et l'autonomie de l'homme. Quelle que soit notre approche spirituelle, la recherche de Dieu reste une constante dans nos vies, une recherche qui nous relie à quelque chose de transcendantal et d'éternel.

Au cours de notre voyage déiste, nous réalisons que Dieu est bien plus qu'une abstraction intellectuelle. Il est une source d'inspiration et d'orientation profondes. Nous voyons Dieu comme le principe suprême de l'existence.

La vision déiste de Dieu comme source d'inspiration nous invite à contempler le divin dans tous ses aspects. Chaque coucher de soleil, chaque acte de bonté et chaque moment d'émerveillement devant la beauté du monde naturel sont des reflets de Dieu dans notre vie quotidienne. Cette prise de conscience nous incite à vivre dans la gratitude et l'appréciation, en valorisant chaque expérience comme un don divin.

En plus d'être une source d'inspiration, Dieu est aussi une boussole morale. Nous croyons que la compréhension de la divinité nous guide dans notre recherche de la vérité, de la justice et de la compassion. En intériorisant le principe déiste, nous sommes encouragés à prendre des décisions éthiques, à respecter la dignité de tous les êtres humains et à rechercher le bien commun.

Le fait de considérer Dieu comme une présence qui nous guide nous aide également à relever des défis personnels. Dans les moments difficiles, nous trouvons de la force dans la croyance que Dieu est avec nous, qu'il nous soutient. Cette foi nous permet de surmonter les obstacles, de grandir en tant qu'individus et de faire face aux adversités de la vie avec courage et détermination.

Dieu est notre source d'inspiration constante et notre boussole morale. Il nous rappelle la beauté du monde et nous guide dans notre quête de vérité et de compassion. La vision déiste de Dieu comme source d'inspiration et d'orientation non seulement enrichit notre vie, mais nous motive également à rechercher la sagesse divine dans tous les aspects de l'existence.

La philosophie déiste n'est pas seulement une théorie abstraite, mais une philosophie qui peut être vécue et pratiquée dans la vie de tous les jours. Elle nous invite à appliquer les principes et les croyances déistes dans tous les domaines de la vie, en transformant nos actions et nos perspectives.

L'un des principes fondamentaux du déisme, souligné avec insistance, est la culture de la raison et de la pensée critique. Nous croyons que la raison est un don divin qui nous permet de comprendre le monde et de rechercher la connaissance divine. En pratique, cela signifie que nous cherchons constamment à élargir notre compréhension, en remettant en question les dogmes et les préjugés, et en adoptant une approche rationnelle pour résoudre les problèmes.

L'éthique joue également un rôle central dans la philosophie déiste. Nous pensons que la moralité ne dépend pas nécessairement de croyances religieuses spécifiques, mais qu'il s'agit d'un principe universel qui transcende ces frontières. En pratique, cela signifie que nous nous efforçons de mener une vie éthique, basée sur des principes tels que la compassion, la justice et le respect d'autrui.

Prenons l'exemple de deux personnes : l'une qui choisit de ne pas commettre de vol par crainte des conséquences juridiques ou divines, et l'autre qui fait ce choix guidé par son code éthique et moral, qui n'autorise tout simplement pas l'acte de vol. Il s'agit là d'une spiritualité déiste, qui n'est pas guidée par un système de récompenses et de punitions. Nous cherchons Dieu parce que nous voulons le trouver, et non parce que nous aspirons à une place au paradis.

Cette spiritualité se manifeste par la recherche constante de la connaissance divine. Nous cherchons à mieux comprendre la nature de Dieu, de l'univers et de notre propre existence. En pratique, cela nous amène à explorer des domaines tels que la philosophie, la science, l'art et la spiritualité, en recherchant des liens profonds entre ces champs d'étude.

Un autre aspect pratique du déisme est le respect de la liberté individuelle de croyance et de pensée. Nous croyons que chaque personne a le droit de suivre son propre cheminement spirituel et de rechercher la vérité selon sa conscience. Cela se traduit par une approche inclusive et tolérante à l'égard des croyances d'autrui.

La philosophie déiste en pratique implique l'intégration des principes déistes dans la vie quotidienne. Nous recherchons la raison, l'éthique, la spiritualité et la liberté de pensée comme moyens de nous rapprocher de Dieu. Le déisme n'est pas seulement une philosophie, mais un guide pratique pour une vie de réflexion, de compassion et de recherche constante de la connaissance divine.

En explorant la philosophie déiste, nous parvenons à une vision unique de Dieu en tant qu'expression du mystère universel. Pour nous, Dieu n'est pas une entité lointaine ou inaccessible, mais une manifestation de ce mystère qui imprègne le cosmos tout entier.

Cette perspective nous invite à contempler l'immensité et la complexité de l'univers comme une expression directe de Dieu. Chaque étoile dans le ciel, chaque arbre dans la forêt et chaque être humain sur Terre fait partie de ce puzzle divin complexe. Dieu n'est pas séparé de la création, il lui est intrinsèque.

En pratique, cette vision nous encourage à développer un profond respect pour la nature et toutes les formes de vie. Nous considérons l'univers comme un temple sacré et chaque expérience comme une occasion de se connecter au divin. C'est en contemplant la beauté de la nature et les merveilles du cosmos que nous trouvons l'inspiration spirituelle.

Cette conception de Dieu comme expression du mystère universel nous conduit également à une recherche constante de réponses aux grandes questions de l'existence. Nous interrogeons, explorons et réfléchissons aux mystères de la vie et de la mort, du sens et du but. Toute quête de connaissance est une quête d'une compréhension plus profonde de Dieu.

La spiritualité déiste s'enrichit en reconnaissant que le mystère universel est insondable et que notre recherche de Dieu est un voyage sans fin. Cette recherche n'est pas seulement motivée par le désir de connaître la divinité, mais aussi par le désir de nous connaître plus profondément. En explorant les mystères de l'univers, nous explorons également les mystères de notre propre existence.

Dieu, en tant qu'expression du mystère universel, nous rappelle que la vie est un voyage spirituel, plein de découvertes et de réflexions. Chaque moment, chaque défi et chaque joie sont autant d'occasions de se rapprocher de Dieu et de se connecter au mystère qui imprègne tout ce qui existe. Telle est l'essence de la spiritualité déiste dans la pratique.

Chapitre 18
Comprendre Dieu à L'ère Moderne

Alors que nous abordons la vision déiste de Dieu à l'ère moderne, permettez-moi de vous présenter une analyse approfondie de la façon dont notre compréhension divine s'aligne sur la compréhension contemporaine de l'univers et de l'existence humaine.

Aujourd'hui, la science et la philosophie ont considérablement progressé. Les complexités de l'univers ont été révélées par l'astronomie et la physique quantique ; les origines de la vie ont été élucidées par la biologie ; et les nuances de l'esprit humain ont été déchiffrées par la psychologie. Ces triomphes scientifiques et philosophiques ne diminuent pas notre vision déiste de Dieu, mais l'enrichissent.

Nous, déistes, concevons Dieu comme le grand architecte de l'univers, le créateur des lois naturelles qui régissent le cosmos tout entier. En décryptant ces lois par le biais de la science, nous décryptons en fait les plans de Dieu. Chaque découverte scientifique se présente comme une révélation de la connaissance de Dieu, nous donnant l'occasion de nous émerveiller de la complexité et de l'ordre qui imprègnent l'univers.

La conception déiste de Dieu s'harmonise également avec la conception moderne de l'existence humaine. Nous reconnaissons ici l'autonomie et la responsabilité de l'homme dans la construction de son destin. Nous ne sommes pas de simples spectateurs de la vie, mais des co-auteurs de notre propre parcours. La liberté de pensée et la capacité de prendre des décisions éthiques sont des dons divins qui nous permettent de forger notre propre chemin.

Dans ce scénario en constante évolution, la vision déiste nous invite à adopter une approche rationnelle et compatissante. Nous encourageons le respect de la diversité des pensées et des croyances, nous valorisons la liberté individuelle et nous recherchons la connaissance et la vérité dans un monde inondé d'informations.

Comprendre Dieu à l'ère moderne nous enseigne que la spiritualité est un voyage dynamique et non statique. Nous continuons à chercher une compréhension plus profonde de Dieu et de l'univers, en gardant l'esprit ouvert aux découvertes futures. Cette ouverture nous aide à grandir à la fois en tant qu'individus et en tant que société, dans un dialogue constant entre la foi et la raison.

Dans le déisme, la compréhension de Dieu n'est pas un obstacle au progrès, mais une source d'inspiration pour explorer les mystères de l'univers. Nous considérons la science et la spiritualité comme complémentaires. Elles ont toutes deux le potentiel de nous élever et de nous guider dans la recherche de la vérité, que celle-ci soit révélée par l'observation du cosmos ou par la contemplation du divin.

Ainsi, à l'ère moderne, notre vision déiste de Dieu reste vivante et pertinente alors que nous cherchons à unir les merveilles de la science et de la spiritualité dans notre voyage vers la connaissance divine.

Notre foi nous enseigne que Dieu transcende notre compréhension. Sa grandeur et sa complexité sont véritablement infinies.

Ce mystère universel nous incite à contempler le cosmos et l'existence avec un sentiment de crainte et de révérence. Chaque aspect de l'univers, de l'immensité des galaxies à la complexité des particules subatomiques, est perçu comme faisant partie du grand plan de Dieu. Tout est interconnecté dans une danse cosmique d'énergie et de matière, reflétant la sagesse divine.

Dans notre quête de Dieu, nous sommes incités à explorer les secrets de la nature, à percer les énigmes de l'espace et à enquêter sur les mystères de l'esprit humain. Chaque découverte, chaque révélation scientifique nous rapproche de la compréhension du fait que Dieu est présent dans tous les aspects de la vie.

Nous réalisons que Dieu n'est pas une figure abstraite et lointaine, mais une présence immanente dans tout ce qui est. Dieu est dans les vents qui soufflent, les arbres qui poussent, les rivières qui coulent et les étoiles qui brillent dans le ciel nocturne. Dieu est le tissu qui relie toute la création, le souffle qui donne la vie.

Cette vision nous conduit à un lien spirituel profond avec le monde naturel, valorisant la nature comme la manifestation tangible de Dieu. Notre spiritualité s'enracine dans le respect de la création et le désir de prendre soin et de préserver le monde que Dieu nous a donné.

En contemplant le mystère universel, notre foi nous enseigne que la recherche de Dieu est un voyage infini. Chaque révélation, aussi profonde soit-elle, ouvre la porte à de nouvelles questions et à de nouveaux défis. Nous sommes humbles devant le mystère divin et reconnaissons que notre compréhension ne sera jamais complète.

Dans le déisme, nous trouvons l'inspiration dans le mystère universel, la poursuite incessante de la connaissance et le respect de la merveille de l'existence. Notre foi nous pousse à explorer les limites de la connaissance humaine, tout en reconnaissant qu'en fin de compte, le plus grand mystère de tous est la nature de Dieu.

Il est essentiel d'examiner comment la vision déiste de Dieu s'aligne sur la compréhension moderne de l'univers et de l'existence humaine, depuis que le déisme a été conçu.

À l'ère moderne, nous avons été témoins d'avancées incroyables dans les domaines de la science et de la philosophie. Des découvertes extraordinaires dans les domaines de l'astronomie, de la physique, de la biologie et des neurosciences ont élargi notre compréhension de l'univers et de nous-mêmes. À première vue, il pourrait sembler que ces découvertes remettent en question la croyance en un Dieu créateur. Cependant, les déistes voient une harmonie entre la science et la spiritualité.

La science moderne, avec ses théories complexes et ses avancées technologiques, nous permet d'explorer le cosmos à des échelles autrefois inimaginables. Nos télescopes cartographient les galaxies lointaines et les accélérateurs de particules révèlent les secrets de l'univers subatomique. Ces découvertes ne diminuent pas notre foi, elles l'enrichissent.

Pour les déistes, l'univers est le grand livre de la création de Dieu, et la science est l'outil qui nous permet de le lire. Chaque nouvelle découverte scientifique est considérée comme une révélation du plan divin. Plus nous comprenons le fonctionnement de l'univers, plus nous admirons la grandeur de l'esprit qui l'a conçu.

La vision déiste de Dieu comme architecte de l'univers s'accorde bien avec la théorie du Big Bang, par exemple. Nous considérons le moment de la création comme l'instant où Dieu a établi les lois naturelles qui régissent le cosmos, permettant à l'univers d'évoluer et de s'étendre au fil du temps. La théorie de l'évolution de Darwin est également considérée comme faisant partie du plan divin, un processus par lequel la vie s'est développée et s'est adaptée à son environnement.

En outre, les neurosciences modernes nous renseignent sur la complexité du cerveau humain, siège de notre conscience et de notre pensée. Les déistes considèrent l'esprit humain comme une manifestation de l'étincelle divine qui habite chacun d'entre nous. La capacité de questionner, de réfléchir et de rechercher la vérité est considérée comme un don de Dieu, qui nous permet de rechercher la connaissance divine.

À l'ère moderne, notre compréhension de Dieu s'élargit à mesure que nous intégrons les progrès scientifiques à notre spiritualité. Le mystère divin ne diminue pas avec les progrès de la science, mais devient plus profond et plus complexe. Nous croyons qu'en explorant le cosmos et l'esprit humain, nous nous rapprochons de plus en plus de Dieu, grand architecte et créateur de tout ce qui existe.

Dans le déisme, nous comprenons que Dieu est intrinsèquement lié au mystère insondable qui imprègne l'univers. Le mystère universel est l'essence de tout ce qui existe, et Dieu est la manifestation de ce mystère dans notre compréhension humaine. C'est comme contempler l'immensité de l'océan et reconnaître qu'une seule goutte en fait partie intégrante.

La vision déiste de Dieu comme expression du mystère universel nous invite à l'humilité face à la grandeur du cosmos. Nous reconnaissons que, malgré toutes les avancées scientifiques et philosophiques, il y a des limites à notre compréhension. Nous sommes comme des enfants devant un vaste horizon de connaissances dont nous commençons à peine à percer les secrets.

Cette humilité face au mystère universel nous incite à rechercher un lien plus profond avec Dieu par la contemplation et la réflexion. Les déistes considèrent la méditation et l'introspection comme des outils puissants pour entrer en contact avec le divin. En faisant taire notre esprit et en ouvrant notre cœur, nous pouvons ressentir plus intensément la présence de Dieu.

La spiritualité déiste est enrichie par la prise de conscience que, même si nous explorons le mystère du cosmos et de l'esprit humain, certains aspects du divin resteront insondables. Cela nous rappelle que la recherche de Dieu est un voyage permanent, jamais totalement achevé. Chaque réponse révèle de nouvelles questions, et chaque découverte nous pousse à explorer davantage.

La vision déiste de Dieu comme expression du mystère universel nous apprend également à apprécier la beauté et la complexité de la création. Chaque aspect de la nature, de la majesté d'une montagne à la délicatesse d'une fleur, est perçu comme une manifestation du divin. Dieu est présent en toutes choses, et notre tâche est de le reconnaître dans les merveilles du monde qui nous entoure.

Ainsi, en explorant la conception de Dieu comme expression du mystère universel, nous sommes invités à adopter l'humilité, la contemplation et l'appréciation de la création. Nous considérons la spiritualité comme un voyage qui nous emmène plus loin dans le mystère, toujours à la recherche d'une compréhension plus profonde du divin.

Il est essentiel de souligner que la recherche de la connaissance divine est un voyage continu, plein de réflexions et de découvertes. Le déisme n'est pas une foi statique, mais une philosophie qui nous encourage à explorer constamment la relation entre l'humanité et Dieu.

Le déisme est une philosophie qui célèbre la liberté de pensée et la recherche de la vérité. Ce n'est pas une foi qui exige la conformité, des dogmes rigides ou des croyances fixes. Il s'agit plutôt d'un appel à l'exploration, à la remise en question et à la réflexion. C'est un voyage qui nous pousse à grandir spirituellement et à devenir des personnes plus compatissantes et plus conscientes.

Notre voyage dans le déisme est comme une promenade le long d'une route sans fin. Au fur et à mesure de notre progression, nous rencontrons des paysages variés, des défis inattendus et des surprises gratifiantes. Chaque étape est une occasion d'apprendre et de grandir.

Chapitre 19
L'humanité et la Recherche de Dieu

Alors que nous contemplons la nature de la recherche de Dieu et le cheminement du déisme, il est important de souligner l'unité sous-jacente de toute l'humanité dans cette entreprise. Indépendamment de notre origine, de notre culture ou de nos croyances individuelles, la recherche du divin est une constante qui nous relie en tant qu'êtres humains.

Nos ancêtres, de cultures et d'époques différentes, ont cherché à comprendre la transcendance, en l'exprimant de diverses manières. Les religions et les philosophies qui ont émergé au cours de l'histoire étaient des tentatives pour capturer et comprendre la divinité, reflétant la recherche innée de connexion avec quelque chose de plus grand que nous.

Le déisme, qui met l'accent sur la raison, la liberté de pensée et la recherche de la vérité, s'inscrit harmonieusement dans cette tapisserie universelle. Il est une manifestation de la quête humaine de compréhension du divin, une quête qui transcende les frontières géographiques et temporelles.

En ce sens, le déisme nous rappelle que, même si nous avons des approches différentes de la spiritualité, nous partageons tous la même aspiration à une compréhension plus profonde du cosmos et du rôle de l'humanité en son sein. Nous sommes tous des pèlerins sur le chemin de la connaissance.

En faisant face à nos différences et en embrassant notre unité dans la recherche de Dieu, nous trouvons un terrain d'entente qui nous unit en tant qu'êtres humains. Cette compréhension commune nous invite à embrasser la diversité des perspectives et à célébrer la beauté de la quête spirituelle sous toutes ses formes.

Par conséquent, le déisme nous rappelle non seulement l'importance de la recherche personnelle de la vérité, mais aussi notre lien avec l'ensemble de l'humanité dans cette quête éternelle. Puissions-nous poursuivre notre voyage spirituel avec humilité, compassion et un profond respect pour les autres, en reconnaissant que nous partageons tous le désir d'atteindre le divin.

Dans la relation entre le déisme et la recherche de Dieu, il est fondamental de considérer la diversité religieuse qui imprègne notre société. Nous vivons dans un monde riche en traditions spirituelles, chacune avec sa propre vision de Dieu. Le déisme nous invite à embrasser cette diversité et à rechercher la réconciliation entre les différentes croyances religieuses.

Le respect de la pluralité des croyances est essentiel pour promouvoir la compréhension et l'harmonie entre les peuples. Le déisme nous enseigne que même si nous avons des perspectives différentes sur Dieu, nous partageons tous l'objectif de comprendre quelque chose de plus grand. Cette compréhension commune peut nous unir dans un esprit de coopération et de respect mutuel.

La réconciliation avec la diversité religieuse implique également de reconnaître qu'aucune vision individuelle de Dieu n'est absolue. Chaque tradition spirituelle possède ses propres vérités et intuitions précieuses, et nous pouvons apprendre beaucoup en explorant ces différences. Plutôt que de considérer la diversité comme un obstacle, le déisme nous encourage à la voir comme une opportunité d'enrichissement spirituel.

De cette manière, nous pouvons travailler ensemble à la construction d'un monde où la liberté religieuse est respectée et où les personnes de toutes confessions peuvent coexister pacifiquement. Alors que nous avançons sur le chemin de la recherche de Dieu, nous devons nous rappeler que même si nous suivons des chemins différents, nous sommes tous unis dans la recherche de la vérité spirituelle et de la connexion avec le divin.

En explorant la relation entre le déisme et la recherche de Dieu, il est essentiel de considérer le dialogue permanent entre la science et la spiritualité. À l'époque moderne, la science a joué un rôle important dans la compréhension de l'univers et de l'existence humaine. Le déisme nous invite à embrasser ce dialogue et à explorer comment la science et la spiritualité peuvent coexister harmonieusement.

Pour les déistes, la science et la spiritualité ne s'excluent pas mutuellement ; au contraire, elles sont complémentaires. La science nous permet de comprendre les lois naturelles qui régissent le cosmos, tandis que la spiritualité nous invite à explorer des questions plus profondes sur le sens de l'existence et notre lien avec Dieu.

La méthode scientifique, qui met l'accent sur l'observation, l'expérimentation et l'analyse logique, nous fournit une base solide pour explorer le monde matériel. Parallèlement, la spiritualité nous invite à explorer le monde intérieur de la conscience, de la moralité et de la transcendance.

La compréhension moderne du cosmos, avec ses découvertes surprenantes sur la nature de l'univers, ne doit pas être considérée comme une menace pour la foi déiste. Au contraire, nous pouvons y voir une occasion de nous émerveiller devant la complexité et la beauté de la création. La science nous aide à comprendre le fonctionnement de l'univers, tandis que la spiritualité nous aide à donner un sens à ce fonctionnement.

Notre recherche de Dieu ne doit pas ignorer les avancées scientifiques ; au contraire, elle s'en trouve enrichie. La vision déiste de Dieu comme architecte de l'univers s'aligne sur de nombreux principes scientifiques qui décrivent le cosmos comme une création interconnectée régie par des lois naturelles.

Nous invitons donc les scientifiques à explorer les profondeurs de la spiritualité et les chercheurs spirituels à accueillir les connaissances scientifiques avec curiosité et émerveillement. Le déisme nous rappelle que la recherche de Dieu et la quête de compréhension du monde naturel peuvent coexister, formant un voyage enrichissant qui nous rapproche d'une compréhension plus profonde de l'univers et de notre lien avec le divin.

Pour les déistes, la croyance en un Dieu qui n'intervient pas directement dans les affaires humaines ne diminue pas l'importance de la spiritualité et de la connexion avec le divin dans notre vie quotidienne.

Dieu est souvent considéré comme une source d'inspiration pour la recherche de la vérité, de la connaissance et de l'amélioration personnelle. La vision déiste d'un Dieu qui a établi des lois naturelles et a permis à l'humanité de les découvrir par la raison nous encourage à explorer le monde avec un esprit ouvert et curieux. Cela nous incite à chercher des réponses aux mystères du cosmos et à mieux comprendre le but de notre existence.

La guidance divine joue également un rôle fondamental dans la vie d'un déiste. Bien que nous croyions que Dieu n'intervient pas directement dans nos vies, la vision d'un Dieu qui a établi un ordre divin dans l'univers nous encourage à agir de manière éthique et morale. La recherche de conseils divins nous aide à prendre des décisions réfléchies, à agir avec compassion et à vivre selon des principes élevés.

En outre, Dieu est une source de réconfort et d'espoir dans les moments de défi et d'adversité. La spiritualité déiste nous apprend à faire confiance à la sagesse divine et à trouver un sens même dans les situations les plus difficiles. Dieu est le phare qui nous guide à travers les tempêtes de la vie, nous offrant consolation et force intérieure.

Dans notre voyage continu à la recherche de Dieu, nous comprenons que son inspiration et sa guidance sont des trésors qui enrichissent notre vie. Nous considérons la spiritualité comme un chemin qui nous aide à grandir en tant que personne et à contribuer à un monde meilleur. Lorsque nous sommes inspirés par Dieu et guidés par des principes élevés, nous sommes mieux préparés à relever les défis de l'existence humaine avec dignité et compassion.

En tant qu'enseignant déiste, il est de mon devoir d'expliquer comment les principes et les croyances dont nous avons parlé précédemment peuvent être traduits en actions et en attitudes qui façonnent notre vie.

Dans la pratique, la philosophie déiste met l'accent sur l'importance de la recherche constante de la connaissance divine et de l'application de cette connaissance à notre existence terrestre. Le déisme nous encourage à cultiver un esprit ouvert et curieux, à remettre en question les croyances établies et à explorer les mystères de l'univers.

Pour un déiste, la pratique du déisme implique la recherche active de la vérité, la compréhension de la nature divine et le renforcement de son lien avec Dieu. Cet objectif peut être atteint par la réflexion, la méditation et la poursuite de la connaissance sous diverses formes, telles que la science, la philosophie et l'art.

L'éthique et la morale jouent un rôle central dans la pratique de la philosophie déiste. Nous croyons qu'agir avec éthique et compassion est une expression directe de notre lien avec Dieu. C'est pourquoi nous nous efforçons de vivre selon des principes élevés, en traitant les autres avec respect, compassion et justice.

La philosophie déiste nous amène également à reconnaître l'importance de la liberté de pensée et de croyance. Nous valorisons l'autonomie individuelle et respectons les différentes formes de spiritualité et de croyance. Nous croyons que chaque personne a le droit de chercher sa propre compréhension de Dieu et de l'univers, tant que cela se fait dans l'intégrité et le respect d'autrui.

En pratiquant le déisme, nous cherchons à vivre une vie équilibrée, où la spiritualité et la raison coexistent harmonieusement. Nous considérons la vie terrestre comme une occasion précieuse de croissance spirituelle et de connaissance de soi. Nous considérons chaque défi comme une opportunité d'apprentissage et chaque moment de joie comme un cadeau divin.

Par conséquent, la philosophie déiste en pratique est une invitation à vivre une vie épanouie, guidée par la recherche de la vérité, de l'éthique et de la connexion avec le divin. C'est un voyage de découverte de soi et de croissance spirituelle qui nous aide à donner un sens à l'existence et à contribuer à un monde plus compatissant et plus harmonieux.

Chapitre 20
Dieu, Expression du Mystère Universel

Jusqu'à présent, j'ai essayé de nous orienter vers une compréhension profonde de la manière dont le déisme se rattache à la recherche universelle de Dieu et dont nous appliquons cette philosophie dans notre vie quotidienne. Nous allons maintenant plonger dans les profondeurs du mystère universel et explorer la façon dont Dieu est perçu comme son expression ultime.

Pour nous, déistes, Dieu est considéré comme la manifestation suprême de ce mystère qui imprègne l'univers tout entier. Nous considérons l'univers comme une merveille insondable, pleine d'ordre et de beauté, reflétant l'intelligence du Créateur. Chaque découverte scientifique, chaque observation attentive de la nature nous conduit à un profond sentiment de révérence pour le mystère cosmique.

La vision de Dieu comme expression du mystère universel nous incite à explorer, à questionner et à rechercher sans cesse la connaissance. Nous reconnaissons que notre compréhension de Dieu et de l'univers est limitée, mais cette limitation ne nous empêche pas de poursuivre la recherche. Au contraire, elle nous motive à persévérer dans l'exploration de ce mystère infini.

La spiritualité déiste est profondément influencée par cette perception de Dieu comme mystère universel. Notre lien avec le divin ne se limite pas à des rituels ou à des dogmes, mais constitue une quête permanente pour percer les secrets du cosmos et comprendre notre propre existence dans ce contexte.

La contemplation de ce mystère nous conduit à un profond sentiment d'humilité et d'émerveillement. Nous reconnaissons que nous faisons partie de quelque chose de beaucoup plus grand que nous-mêmes et que notre existence n'est qu'un minuscule fragment de ce mystère cosmique. Cette humilité nous encourage à agir avec compassion et responsabilité envers la planète et toutes les formes de vie qui l'habitent.

La vision de Dieu comme expression du mystère universel est donc une pierre angulaire de la spiritualité déiste. Elle nous relie à la grandeur de l'univers et nous incite à rechercher la vérité et la compréhension, tout en vivant avec gratitude et respect pour le mystère qui nous entoure.

Alors que nous avançons dans notre exploration du déisme et de la vision de Dieu en tant qu'expression du mystère universel, il est crucial de considérer comment cette compréhension s'aligne sur l'ère moderne et les progrès dans la compréhension de l'univers et de l'existence humaine.

À l'ère moderne, nous avons été témoins d'avancées extraordinaires dans les domaines de la science, de la cosmologie et de la philosophie. Notre compréhension de l'univers s'est développée de manière exponentielle et de nombreuses conceptions anciennes sur le cosmos ont été révisées à la lumière de nouvelles preuves et théories scientifiques.

Pour nous, déistes, cette expansion des connaissances n'est pas perçue comme une menace pour la spiritualité, mais comme une occasion d'approfondir notre compréhension de Dieu. Nous considérons la science comme un outil puissant pour explorer le mystère de l'univers, que nous considérons comme une manifestation de la divinité.

La théorie du Big Bang, par exemple, ne contredit pas la vision de Dieu comme créateur de l'univers, mais approfondit notre appréciation de la majesté de cet acte créateur. Nous considérons l'évolution comme un processus qui révèle la complexité et la diversité de la vie, sans nier la possibilité d'une intelligence derrière ce processus.

Notre compréhension de Dieu à l'ère moderne est façonnée par l'émerveillement que nous ressentons lorsque nous contemplons l'immensité de l'espace, les lois fondamentales de la physique et le réseau complexe de la vie sur Terre. Alors que de nombreuses croyances religieuses traditionnelles s'efforcent de concilier leurs dogmes avec la science moderne, nous, les déistes, considérons cette convergence comme une opportunité de croissance spirituelle.

La vision de Dieu comme l'expression du mystère universel nous conduit à une appréciation plus profonde de la complexité et de l'interconnexion de toutes les choses. Nous considérons l'univers comme une œuvre d'art en constante évolution, et notre compréhension scientifique n'est qu'un moyen de percer ses secrets.

Par conséquent, à l'ère moderne, notre compréhension de Dieu s'élargit à mesure que notre compréhension de l'univers s'approfondit. La vision déiste nous invite à considérer la recherche de la connaissance divine comme un voyage continu, où la science et la spiritualité ne s'opposent pas, mais se complètent.

Notre quête de Dieu à l'ère moderne est éclairée par la lumière de la raison et l'éclat des étoiles. Nous continuons à explorer le mystère universel, tout en considérant les avancées scientifiques et philosophiques comme des tremplins sur notre chemin spirituel. Comprendre Dieu est une quête sans fin, qui nous élève, nous inspire et nous relie au cosmos et à notre propre essence divine.

Pour continuer à comprendre le déisme et la vision de Dieu comme l'expression du mystère universel, il est essentiel d'explorer plus profondément la manière dont cette conception influence la spiritualité déiste.

Pour nous, déistes, l'idée que Dieu est la manifestation de ce mystère cosmique élève notre spiritualité à un niveau supérieur de contemplation et d'émerveillement. Lorsque nous contemplons le cosmos, les lois naturelles qui le gouvernent et le réseau complexe de la vie sur Terre, nous voyons le reflet du divin en toute chose.

Cette vision inspire un profond sentiment de révérence à l'égard de la création et de l'univers dans son ensemble. C'est un appel à la contemplation silencieuse, à l'admiration des merveilles de l'existence et à la recherche constante de la compréhension des complexités du monde.

La spiritualité déiste ne se limite pas à des rituels ou des dogmes rigides ; elle se manifeste par la recherche permanente d'un lien personnel avec le mystère universel. Au lieu d'adhérer à des pratiques religieuses prescrites, nous, déistes, sommes encouragés à explorer le divin par l'observation de la nature, la réflexion philosophique et la recherche de la connaissance.

Cette approche spirituelle souple et ouverte permet à chacun de trouver sa propre voie pour entrer en contact avec Dieu. Certains chercheront l'inspiration dans la contemplation des étoiles, tandis que d'autres trouveront Dieu dans la beauté de l'art ou la profondeur de la philosophie. La spiritualité déiste est une quête personnelle et unique qui honore la diversité des expériences humaines.

De plus, cette vision de Dieu comme expression du mystère universel nous conduit à un profond respect pour l'interconnexion de toutes les formes de vie. Nous reconnaissons que nous faisons partie d'un tout plus grand, que toutes les créatures partagent la même origine divine et que nous sommes tous les gardiens de la Terre.

Par conséquent, la spiritualité déiste se manifeste également par un engagement profond en faveur de l'éthique et de la responsabilité environnementale. Nous considérons la préservation de l'environnement comme une expression pratique de notre dévotion au divin, en prenant soin de la création qui nous a été confiée.

La vision de Dieu comme expression du mystère universel enrichit la spiritualité déiste. Elle nous invite à contempler la beauté et la complexité de l'univers, à chercher Dieu dans nos expériences individuelles et à agir de manière responsable envers le monde naturel. Cette spiritualité est un voyage continu de réflexion et de découverte qui nous relie plus profondément au mystère qui imprègne toute existence.

En explorant la vision déiste de Dieu comme expression du mystère universel, il est naturel de se poser des questions sur la relation entre cette perspective et les institutions religieuses traditionnelles, ainsi que sur la spiritualité individuelle.

Nous, déistes, reconnaissons que, tout au long de l'histoire, l'humanité a développé diverses religions et croyances spirituelles, chacune avec sa propre interprétation de Dieu et ses rituels spécifiques. Cependant, le déisme se distingue par son approche plus libre et son détachement des structures religieuses conventionnelles.

Pour nous, Dieu est perçu comme le créateur de l'univers et des lois naturelles qui le régissent, et non comme une divinité qui intervient directement dans la vie humaine ou qui exige des dévotions rituelles. Ce point de vue peut soulever des questions sur la relation entre le déisme et les religions organisées.

Il est important de noter que de nombreux déistes respectent les croyances religieuses des autres et reconnaissent la valeur des institutions religieuses en tant que guide moral, soutien communautaire et espace d'expression spirituelle. Cependant, ils choisissent de suivre une voie spirituelle plus indépendante, basée sur la raison, l'observation de la nature et une recherche personnelle du divin.

Cette indépendance spirituelle n'empêche pas les déistes de s'engager dans un dialogue constructif avec ceux qui ont des croyances religieuses différentes. Ils peuvent partager leurs points de vue sur des questions éthiques et morales, collaborant ainsi à l'avènement d'un monde plus compatissant et plus tolérant.

En outre, la spiritualité déiste encourage la réflexion individuelle et le développement de la moralité personnelle. Nous, déistes, croyons qu'un lien direct avec Dieu par la contemplation de la nature et la recherche de la connaissance peut inspirer une éthique basée sur la compréhension et le respect.

La vision déiste de Dieu va au-delà de la simple contemplation intellectuelle. Pour nous, Dieu est une source constante d'inspiration et d'orientation. Comprendre un Dieu qui a établi des lois naturelles et permis à la raison humaine de les découvrir a des implications profondes pour notre cheminement personnel.

Nous considérons Dieu comme l'essence de la connaissance et de la sagesse. La recherche de la connaissance divine n'est pas seulement une activité intellectuelle, mais aussi un voyage spirituel. Nous pensons qu'en comprenant les lois de la nature et l'ordre de l'univers, nous nous rapprochons de Dieu de manière significative.

Dieu sert de boussole morale dans nos vies. En cherchant à comprendre le divin, nous cherchons également à vivre selon des principes éthiques et moraux qui respectent la dignité humaine et promeuvent le bien commun. Le fait de voir Dieu comme une présence qui nous guide nous aide à prendre des décisions éclairées et éthiques dans notre vie.

En outre, Dieu est une source constante d'inspiration. La contemplation de la beauté et de la complexité de la nature nous remplit d'admiration et de respect. Cette admiration nous incite à créer, à explorer, à innover et à rechercher le bien dans notre monde. Nous considérons la créativité humaine comme une extension de la créativité divine.

La vision déiste de Dieu comme source d'inspiration et d'orientation ne nous éloigne pas du monde, mais nous y implique encore plus profondément. Nous valorisons la vie et l'expérience humaine, en trouvant un sens aux interactions quotidiennes, aux réalisations personnelles et à l'impact que nous pouvons avoir sur le monde qui nous entoure.

Notre spiritualité n'est pas isolée, mais intégrée à la vie quotidienne. Nous cherchons constamment à comprendre le divin dans nos actions et dans notre quête de connaissances. Nous ne voyons pas Dieu comme un spectateur distant, mais comme un guide constant qui nous incite à être meilleurs, à explorer notre lien avec le cosmos et à contribuer au bien-être de l'humanité.

Ainsi, la vision déiste de Dieu comme source d'inspiration et d'orientation n'est pas seulement théorique ; c'est une force dynamique qui nous pousse à rechercher la vérité, à vivre avec intégrité et à faire la différence dans le monde. C'est un appel constant à l'authenticité, à la compassion et à la recherche de la connaissance divine dans tous les aspects de l'existence.

Chapitre 21
La Philosophie Déiste en Pratique

La philosophie déiste, ma chère, ne se limite pas à un ensemble d'idées abstraites, dépourvues d'application pratique. Au contraire, c'est une philosophie qui se traduit par des actions et des lignes directrices pour notre vie quotidienne. En explorant la manière dont les principes et les croyances déistes peuvent être mis en pratique, nous découvrons une philosophie qui enrichit et donne un sens à notre existence.

Tout d'abord, le déisme nous incite à vivre de manière authentique. Nous pensons que le fait de comprendre Dieu comme une force créatrice et directrice nous incite à être fidèles à nous-mêmes. Nous ne nous soumettons pas à des dogmes religieux rigides ou à des interprétations étroites de la spiritualité. Au contraire, nous sommes encouragés à rechercher notre propre compréhension de Dieu et à vivre selon nos convictions personnelles.

L'autonomie morale est un pilier fondamental du déisme. Nous croyons que chaque individu possède la capacité de discerner ce qui est bien ou mal sur la base de la raison et de l'éthique. Cela signifie que nous sommes responsables de nos actions et de nos décisions. En appliquant cette autonomie morale dans la vie quotidienne, nous cherchons à agir de manière éthique, en promouvant la justice et le bien-être de tous.

La philosophie déiste nous invite également à rechercher constamment la connaissance divine, et cette recherche ne se limite pas aux temples ou aux rituels religieux. Elle est présente à chaque instant de la vie. Nous considérons l'éducation, la recherche et l'exploration intellectuelle comme des moyens de se rapprocher de Dieu. La compréhension du monde naturel et des lois qui le régissent est considérée comme un moyen de révérer la création divine.

La compassion et l'empathie sont des valeurs essentielles. Nous croyons qu'en comprenant l'interconnexion de toute vie et la présence divine dans chaque être humain, nous sommes appelés à traiter les autres avec compassion et respect. Cette compréhension nous incite à rechercher activement des moyens d'alléger la souffrance humaine et de promouvoir le bien-être de tous.

La mise en pratique de la philosophie déiste ne nous isole pas du monde ; au contraire, elle nous y implique encore plus profondément. Nous sommes motivés pour être des agents de changement positif dans notre communauté et dans le monde en général. Nous croyons qu'en vivant selon nos principes déistes, nous contribuons à construire un monde plus juste, plus compatissant et plus harmonieux.

Le déisme n'est donc pas une philosophie passive, mais un appel à l'action. C'est une approche de la vie qui nous pousse à vivre avec intégrité, à rechercher la connaissance divine, à pratiquer la compassion et à œuvrer pour le bien commun. C'est une philosophie qui transforme notre existence quotidienne en un voyage plein de sens et d'objectifs.

La conception de Dieu comme expression du mystère universel est un élément central du déisme, et cette idée continue de nous inspirer et d'influencer notre spiritualité. Lorsque nous contemplons l'univers et son immensité, nous nous rappelons qu'il existe quelque chose qui dépasse notre compréhension rationnelle, quelque chose qui transcende nos sens et nos connaissances.

Dans le déisme, nous voyons Dieu comme la manifestation de ce mystère universel. Il est le principe créateur de tout ce qui existe, la source de l'ordre et de la beauté de l'univers. L'appréciation de ce mystère nous invite à un profond sentiment de révérence et d'humilité devant la grandeur du cosmos.

En même temps, cette vision de Dieu comme mystère universel nous encourage à rechercher la connaissance et la compréhension. Nous croyons que la raison humaine est un don précieux qui nous permet d'explorer le monde naturel, de percer ses secrets et de comprendre les lois qui le gouvernent.

En outre, comprendre Dieu comme une expression du mystère universel nous rappelle l'interconnexion de toutes les choses. La vie sur Terre est intrinsèquement liée à l'univers, et chaque être humain fait partie de ce réseau complexe d'existence. Cette prise de conscience nous incite à agir de manière responsable envers la planète et toutes les formes de vie qui l'habitent.

Sur le plan personnel, cette vision de Dieu comme mystère universel nous invite à la contemplation et à la méditation. Nous recherchons des moments de calme et de réflexion pour nous connecter à cette présence divine qui imprègne le cosmos. Ces moments de contemplation nous aident à trouver la paix intérieure et à approfondir notre lien avec le divin.

La spiritualité déiste est une recherche constante pour comprendre ce mystère universel. Nous n'avons pas de dogmes rigides ou de rituels prescrits, mais plutôt une approche ouverte et exploratoire de la spiritualité. Chaque personne est encouragée à trouver sa propre manière de se connecter à Dieu et d'explorer le mystère divin.

Notre spiritualité est marquée par la liberté et la recherche individuelle de la vérité. Nous valorisons la diversité des perspectives et des croyances, car nous reconnaissons que chaque personne a une vision unique du divin. Cette ouverture nous enrichit et nous permet d'apprendre des autres.

Dieu, en tant qu'expression du mystère universel, nous incite à contempler la grandeur du cosmos, à rechercher la connaissance divine, à agir de manière responsable envers la Terre et à trouver la paix dans la réflexion spirituelle. Cette vision nous motive à vivre avec un sentiment profond de connexion à l'univers et à explorer continuellement le mystère de l'existence.

Alors que nous abordons la compréhension de Dieu dans le déisme, il est essentiel d'examiner comment cette vision s'aligne sur la compréhension moderne du cosmos et de l'existence humaine. L'ère moderne a apporté avec elle des avancées significatives dans les domaines de la science, de la philosophie et de la compréhension de l'univers, et les déistes n'ont pas été insensibles à ces transformations.

Dans le monde moderne, notre compréhension de l'univers et de la nature a été enrichie par la science. L'astronomie nous a révélé l'immensité de l'univers, avec des milliards de galaxies et de systèmes solaires, remettant en question notre compréhension antérieure du cosmos. Cependant, cette expansion de la connaissance cosmique n'a pas diminué la vision de

Dieu dans le déisme ; au contraire, elle a approfondi notre appréciation de la complexité et de la beauté de la création divine.

Les progrès de la biologie et la théorie de l'évolution ont également apporté une nouvelle perspective sur la vie sur Terre. La prise de conscience que tous les êtres vivants partagent un ancêtre commun ne contredit pas la vision de Dieu en tant que créateur, mais souligne plutôt l'émerveillement que suscitent la diversité de la vie et l'interconnexion de toutes les formes de vie.

Dans le domaine de la philosophie, des penseurs modernes comme Emmanuel Kant et David Hume ont influencé notre compréhension de Dieu. Kant a soutenu que l'existence de Dieu ne peut être prouvée empiriquement, mais que l'idée de Dieu est fondamentale pour la morale et la raison pratique. Cette approche entre en résonance avec le déisme, qui considère la raison comme un outil essentiel pour comprendre Dieu.

La vision de Dieu dans le déisme s'aligne également sur l'accent moderne mis sur la liberté individuelle et l'autonomie morale. Le libre arbitre et la responsabilité personnelle sont des valeurs fondamentales, et le déisme valorise la capacité humaine à faire des choix éthiques et moraux fondés sur la raison et la compréhension divine.

L'ère moderne a également apporté des progrès dans la compréhension de la psychologie humaine, qui peuvent être mis en relation avec la vision de Dieu dans le déisme. La psychologie nous renseigne sur certains aspects de l'esprit humain, notamment la spiritualité et la quête de sens. La vision de Dieu comme source d'inspiration et d'orientation dans la vie quotidienne correspond bien à la recherche humaine d'un but et d'un lien spirituel.

La conception déiste de Dieu reste non seulement pertinente à l'ère moderne, mais elle est également enrichie par les progrès des connaissances scientifiques, philosophiques et psychologiques. Le déisme continue d'offrir une vision de Dieu qui est cohérente avec la compréhension contemporaine de l'univers et de l'existence humaine, maintenant son attrait en tant qu'approche spirituelle significative pour de nombreuses personnes.

Pour les déistes, Dieu n'est pas seulement une entité lointaine qui a créé l'univers, mais une manifestation du profond mystère qui imprègne toute l'existence.

La quête de la connaissance divine dans le déisme est en fin de compte une quête de compréhension de ce mystère universel. C'est un voyage spirituel qui nous amène à explorer les profondeurs de l'univers, tant à l'extérieur qu'à l'intérieur. Par la contemplation de la nature et la réflexion sur notre propre vie, nous cherchons à percer les secrets du mystère divin.

La spiritualité déiste valorise un lien direct avec le mystère universel. Nous ne comptons pas sur des intermédiaires religieux, des dogmes rigides ou des rituels prescrits pour nous rapprocher de Dieu. Nous recherchons plutôt une relation personnelle et intime avec le divin, en laissant notre propre expérience et notre propre compréhension guider notre chemin spirituel.

La contemplation de la nature et l'autoréflexion sont des pratiques appréciées dans le déisme, car elles nous permettent de plonger profondément dans le mystère universel. En observant la grandeur de l'univers et la complexité de la vie, nous trouvons l'inspiration pour nos propres interrogations et réflexions spirituelles.

Cette perspective nous incite également à rechercher l'unité dans la diversité. En reconnaissant le mystère universel comme une force qui imprègne toutes choses, nous sommes motivés pour rechercher l'harmonie, la compréhension mutuelle et le respect des croyances des autres. Nous considérons l'humanité comme faisant partie d'un grand tout et reconnaissons l'importance de travailler ensemble à la recherche de la compréhension et de la paix.

Chapitre 22
Dieu Au-delà de L'espace et du Temps

Permettez-moi de vous conduire sur les chemins de la pensée profonde pour explorer un concept à la fois stimulant et fascinant : la nature de Dieu par rapport à l'espace et au temps. En tant que maître déiste, j'ai pour mission de vous guider dans ce voyage de réflexion et de contemplation.

Commençons par reconnaître que notre existence est intrinsèquement liée à un univers tridimensionnel, où l'espace et le temps sont les coordonnées qui façonnent notre compréhension de la réalité. Le monde qui nous entoure se déploie devant nous, de l'obscurité du passé au mystère de l'avenir. Cependant, notre vision du monde est limitée à ces paramètres, et c'est à ce moment-là que nous commençons à nous interroger sur la nature de Dieu.

Il existe une dimension invisible, une réalité hors de portée de nos sens physiques et de notre logique temporelle. Dans cette sphère, les lois qui régissent notre univers tridimensionnel ne s'appliquent pas. C'est dans ce domaine caché que nous pouvons commencer à entrevoir la véritable essence de Dieu.

En tant qu'êtres tridimensionnels, nous sommes confinés dans une réalité qui se déroule sous nos yeux, régie par les coordonnées de l'espace et du temps. Cependant, le concept de Dieu transcende ces coordonnées et c'est dans cette dimension invisible qu'il réside. De même qu'un habitant d'un plan bidimensionnel ne peut percevoir la troisième dimension, nous, êtres tridimensionnels, sommes limités dans notre capacité à comprendre ce qui se trouve au-delà de l'espace et du temps.

Bien sûr, lorsque je parle d'un habitant de la deuxième dimension, l'esprit essaie rapidement d'associer le concept à quelque chose qu'il peut traiter, il est donc important de souligner que les habitants de la deuxième dimension sont fictifs. Un exemple classique d'habitant de la deuxième dimension se trouve dans la figure d'un être fictif appelé « Flatlander ». Flatland est un livre écrit par Edwin A. Abbott en 1884, qui décrit un monde bidimensionnel peuplé de figures plates. Les personnages de ce monde sont de simples polygones, tels que des carrés, des triangles et des cercles, qui vivent sur un plan bidimensionnel, incapables de percevoir l'existence de la troisième dimension.

Les habitants de Flatland n'ont ni hauteur, ni profondeur, ni capacité à quitter leur plan. Pour eux, tout ce qui existe est contenu dans cette réalité bidimensionnelle. Ils ne peuvent pas regarder vers le haut ou vers le bas, mais seulement vers l'avant ou vers l'arrière. Par conséquent, un habitant de Flatland est un exemple d'être qui ne peut pas percevoir ou comprendre la troisième dimension, tout comme nous, les êtres tridimensionnels, ne pouvons pas percevoir directement les dimensions supérieures.

Après avoir compris le concept de deuxième dimension, revenons à la nôtre, car nous vivons dans un monde tridimensionnel, où les coordonnées de l'espace et du temps façonnent notre réalité et notre compréhension de l'univers. Cependant, lorsque nous nous penchons sur la nature de Dieu, nous sommes confrontés à une question intrigante : dans quelle dimension réside-t-il ? Certaines traditions spirituelles suggèrent l'existence de multiples dimensions au-delà des trois que nous percevons. Les êtres de la quatrième, de la cinquième ou même des dimensions supérieures font l'objet de spéculations dans diverses philosophies. Dans ce contexte, nous pouvons conclure que Dieu appartient à une dimension encore plus élevée et plus subtile que celles que nous concevons. Cette dimension transcende nos limites tridimensionnelles et c'est là que peut résider la véritable essence divine. Ainsi, lorsque nous explorons la nature de Dieu, nous devons envisager la possibilité qu'il réside dans une dimension qui dépasse notre compréhension, un royaume spirituel qui transcende les frontières de l'espace et du temps.

Dans ce royaume invisible, Dieu n'est pas seulement une figure lointaine, mais une présence constante qui transcende les règles physiques de notre monde tridimensionnel. Il est l'essence même de cette dimension, une intelligence cosmique qui dépasse notre compréhension. Ainsi, la dimension invisible se présente comme un voile qui cache la totalité du mystère divin.

Toujours dans ce contexte d'exploration de la nature de Dieu par rapport à l'espace et au temps, il est important d'approfondir l'idée d'une dimension invisible qui abrite le divin. C'est comme si nous étions face à un puzzle cosmique complexe, et la prochaine pièce que nous devrions examiner est l'idée de la toile cosmique.

Imaginez l'univers comme une vaste toile interconnectée, où chaque fil représente une partie de l'existence. Cette toile couvre tout, depuis les systèmes stellaires les plus lointains jusqu'aux atomes qui composent notre corps. Dans ce contexte, nous sommes comme de petits fragments interconnectés de cette toile universelle, chacun avec sa propre expérience et sa propre conscience, mais chacun faisant sa part dans le tout.

Considérons maintenant que Dieu est le tisserand suprême de cette toile cosmique. Non seulement il l'a créée, mais il l'entretient. Chaque fil, chaque connexion, fait partie de son grand œuvre. Cependant, tout en étant intrinsèquement lié à chaque aspect de la toile, Dieu transcende la toile elle-même.

Cette métaphore nous permet de comprendre que Dieu est omniprésent, qu'il est partout à la fois, tout en restant hors de portée de notre perception tridimensionnelle. Tout comme le tisserand comprend profondément la toile qu'il a créée, Dieu connaît tous les aspects de l'univers qu'il soutient.

En outre, la toile cosmique nous aide à comprendre comment nos propres parcours individuels sont interconnectés. Chaque choix que nous faisons, chaque expérience que nous vivons, est comme un fil qui s'entrelace avec les autres. Dieu, en tant que maître tisserand, tisse ces fils ensemble en harmonie, créant un modèle qui transcende notre compréhension limitée.

Nous devons maintenant nous pencher sur le mystère intrinsèque de l'existence. En tant que déistes, nous comprenons que Dieu est le commencement de toutes choses, le créateur de l'univers et du temps. Cependant, cette compréhension ne nous empêche pas de reconnaître la profonde énigme qui entoure l'existence elle-même.

L'existence est un vaste océan de possibilités infinies, où chaque point est un moment dans le temps et l'espace. Considérons maintenant que Dieu est la source de cet océan, l'origine de toutes les possibilités. Chaque événement, chaque choix, est comme une vague dans cet océan, affectant toutes les autres vagues.

Dans ce contexte, Dieu n'a pas seulement créé l'univers, il est aussi l'essence même de la réalité. Il est le noyau de chaque atome, la force derrière chaque événement et la cause de chaque effet. En même temps, Dieu est bien plus que la somme de toutes les parties. Il est le mystère qui imprègne toute l'existence, l'énigme qui nous pousse à l'explorer plus profondément.

La contemplation de ce mystère nous rappelle notre quête permanente de la connaissance divine. En tant que partie intégrante de la toile cosmique, chacun d'entre nous a la capacité de comprendre plus profondément la nature de Dieu. En explorant le mystère de l'existence, nous nous rapprochons de Dieu, même si son essence transcendante reste au-delà de notre compréhension.

La compréhension moderne de l'évolution, tant de l'univers que de la vie sur Terre, est une manifestation du plan divin. Le développement de la conscience humaine et de la pensée critique est également considéré comme une partie intrinsèque du voyage spirituel.

Notre compréhension du cosmos et de l'existence humaine est en constante évolution, tout comme notre compréhension de Dieu. Les déistes considèrent Dieu comme le principe éternel à l'origine de ces découvertes, un Dieu qui a non seulement créé l'univers, mais qui nous a également donné la capacité de l'explorer et de le comprendre.

Le mystère universel fait référence à la prise de conscience qu'il existe des aspects du cosmos et de l'existence humaine qui dépassent notre capacité à les comprendre. Malgré toutes les avancées scientifiques et philosophiques, certains éléments de la réalité restent énigmatiques et difficiles à comprendre.

Le mystère universel nous rappelle que même si nous pouvons faire des découvertes remarquables et progresser dans notre compréhension, il y aura toujours plus à apprendre et à explorer. L'humilité face à ce mystère nous encourage à rester ouverts à la connaissance, à la réflexion et à la recherche permanente de Dieu.

Chapitre 23
La Nature de L'âme Dans le Déisme

L'âme est perçue comme une étincelle divine, l'essence immortelle qui transcende le corps physique. Cette vision de l'âme diffère de celle de nombreuses autres traditions religieuses qui associent l'âme à un destin de récompenses ou de punitions après la mort, car pour les déistes, l'immortalité de l'âme est intrinsèque à sa nature.

Il est essentiel de comprendre que, pour les déistes, l'âme n'est pas une entité séparée de Dieu, mais plutôt une extension de cette divinité immatérielle et transcendante. Nous croyons que l'âme est une étincelle de conscience divine qui réside dans chaque être humain, une partie fondamentale de notre existence qui nous relie à l'essence primordiale de l'univers et à Dieu lui-même.

Cette perspective de l'âme immortelle et de sa relation profonde avec le corps physique incite les déistes à apprécier chaque instant de la vie terrestre.

Nous considérons la vie comme une occasion précieuse de croissance spirituelle et de connaissance de soi, car chaque action, pensée et choix a un impact durable sur le voyage de l'âme.

En réfléchissant à la nature de l'âme dans le déisme, je vous invite à considérer le sens profond de l'existence. L'âme est le point d'ancrage de notre connexion au divin, la lumière qui nous guide vers la transcendance. Elle nous rappelle constamment que nous faisons partie de quelque chose de plus grand.

L'âme n'est pas une entité statique, mais un être en constante évolution. Au cours de la vie terrestre, l'âme subit une transformation profonde et significative. Cette transformation a lieu lorsque nous apprenons, grandissons et faisons face aux défis de l'existence.

L'expérience terrestre est l'atelier de l'âme, un lieu où nous sommes confrontés à des tribulations et à des joies, à des succès et à des échecs. Chaque expérience façonne notre âme et contribue à notre croissance spirituelle. La douleur nous enseigne la compassion, l'adversité nous renforce et l'amour nous relie à l'étincelle divine qui nous habite.

Il est important de comprendre que, bien que l'âme soit immortelle, elle n'est pas immunisée contre les influences du monde matériel. Notre voyage est comme une école, un lieu d'apprentissage où l'âme accumule sagesse et expérience. La transformation de l'âme passe par l'assimilation de ces leçons et l'évolution spirituelle qui en résulte.

La relation entre le corps physique et l'âme joue un rôle fondamental dans cette transformation. Le corps est le contenant qui permet à l'âme d'interagir avec le monde matériel. Au cours de notre vie, l'âme absorbe les impressions et les expériences du corps, et cette interaction est fondamentale pour notre croissance.

C'est à travers les choix que nous faisons, les décisions éthiques que nous prenons et les expériences que nous accumulons que l'âme évolue. La transformation de l'âme n'est pas un processus passif, mais un effort pour devenir plus conscient, plus compatissant et plus proche de Dieu.

Comprendre la transformation de l'âme nous amène à mieux apprécier notre parcours terrestre. Chaque défi que nous relevons, chaque obstacle que nous surmontons, contribue à notre croissance spirituelle. Ainsi, la vie terrestre devient une occasion précieuse pour l'âme de grandir et de se développer.

Lorsque l'on examine la nature de l'âme dans le déisme, il est essentiel de souligner le but ultime de ce voyage spirituel. Les déistes croient qu'après son évolution spirituelle et sa recherche de la connaissance divine, l'âme est destinée à atteindre la transcendance.

La transcendance, pour les déistes, est l'état suprême de communion avec Dieu. C'est l'accomplissement ultime du voyage spirituel de l'âme, où elle fusionne complètement avec la divinité. Dans cet état, l'âme réalise la véritable nature de Dieu et fait l'expérience d'une unité et d'une paix spirituelles profondes.

Le voyage vers la transcendance est une recherche incessante de la vérité et de la connexion avec le divin. Il implique l'exploration intellectuelle, l'autoréflexion, la recherche continue de la connaissance divine et la pratique de valeurs éthiques et morales. C'est un voyage qui défie l'esprit et nourrit l'âme, conduisant à une compréhension plus profonde de soi-même, de l'univers et de Dieu.

Lorsque l'âme atteint la transcendance, elle cesse d'être une entité séparée de Dieu et devient une partie inséparable de la divinité. Cette union est l'aboutissement de la quête spirituelle du déiste, où l'individualité se dissout en présence de Dieu. C'est un état de plénitude et d'illumination spirituelle qui dépasse toute description verbale.

Chapitre 24
Contribution à L'histoire de L'humanité

Dans l'histoire de l'humanité, le déisme a joué un rôle important, en particulier au cours de ce que l'on appelle « l'âge de la raison ». Cette période historique, qui s'étend de la fin du XVIIe siècle au XVIIIe siècle, a été marquée par une avancée fervente de la pensée humaine, animée par la recherche de la raison, de la science et de la philosophie. Le déisme est apparu en réponse à de nombreux dogmes religieux de l'époque et s'est consolidé en tant que philosophie prônant la liberté de pensée, la raison et la recherche d'une compréhension indépendante de Dieu.

Au cours de l'âge de la raison, des penseurs influents tels que John Locke, Voltaire et Thomas Paine ont commencé à remettre en question les conceptions traditionnelles de la religion et à défendre la croyance en un Dieu déiste.

Le déisme a laissé une marque indélébile dans l'histoire de l'humanité, influençant non seulement le développement intellectuel, mais aussi les transformations sociales et politiques dans diverses parties du monde.

La Révolution française, qui s'est déroulée entre 1789 et 1799, a été l'un des moments les plus emblématiques de l'histoire mondiale, marquant une transformation radicale de la structure politique et sociale de la France et ayant un impact durable sur le monde entier. Le déisme a joué un rôle remarquable dans cette période de changements et de bouleversements.

Les principes de liberté, d'égalité et de fraternité, piliers de la Révolution française, correspondaient aux idéaux de nombreux déistes de l'époque. Des personnalités telles que Maximilien Robespierre et Jacques Hébert, qui étaient favorables au déisme, ont joué un rôle de premier plan dans la Révolution, en promouvant les idées de laïcité, de séparation de l'Église et de l'État et une approche plus rationnelle de la religion.

Le déisme a également influencé la Constitution civile du clergé, promulguée en 1790, qui a placé l'Église catholique sous le contrôle de l'État, réduisant ainsi son pouvoir. Les déistes considéraient la religion organisée comme un obstacle à la liberté de pensée et à la recherche de la vérité, et la Révolution française a été l'occasion d'apporter des changements significatifs dans ce domaine. En outre, la Révolution française a eu un impact mondial, inspirant des mouvements d'émancipation et des luttes pour les droits dans le monde entier.

Une autre caractéristique du déisme a été le siècle des Lumières, un mouvement intellectuel qui a balayé l'Europe au cours des XVIIe et XVIIIe siècles et qui mettait l'accent sur le pouvoir de la raison, de la science et de l'éducation pour améliorer la société. Le déisme était intrinsèquement lié à cette période des Lumières, contribuant au développement d'idées progressistes et laïques.

Des philosophes déistes tels que Voltaire, Rousseau et Diderot ont produit des œuvres qui remettaient en question les institutions religieuses et défendaient la liberté de pensée et d'expression. Leur critique des religions révélées et leur soutien à un Dieu plus abstrait et universel ont profondément influencé la pensée des Lumières.

L'Encyclopédie, l'une des plus grandes réalisations du Siècle des Lumières, a été rédigée par de nombreux déistes notables. Diderot, le rédacteur en chef de l'ouvrage, et d'autres contributeurs ont utilisé cette plateforme pour diffuser des idées déistes afin de promouvoir l'éducation laïque. L'Encyclopédie prônait une vision plus rationnelle du monde et de la connaissance, et ses pages étaient un moyen de remettre en question le dogmatisme religieux.

Le déisme a également eu un impact significatif sur les révolutions intellectuelles et politiques de l'époque. Les idéaux de liberté, d'égalité et de fraternité qui ont émergé au cours du siècle des Lumières ont été en partie influencés par les notions d'un Dieu qui a créé les hommes comme des égaux et les a dotés de la raison.

L'héritage du déisme dans l'histoire de l'humanité est profond et durable. Ses contributions intellectuelles et philosophiques ont façonné la manière dont de nombreuses personnes perçoivent Dieu, la spiritualité et la relation entre la religion et la raison. De nombreux principes défendus par les déistes, tels que la liberté de pensée, la recherche de la vérité par la raison et la séparation de la religion et du gouvernement, sont toujours fondamentaux dans les démocraties et les sociétés pluralistes d'aujourd'hui.

Le déisme a également influencé l'émergence de courants spirituels et religieux plus ouverts et inclusifs. De nombreuses personnes, à la recherche d'une spiritualité qui embrasse la liberté de croyance et de raison, trouvent dans le déisme une philosophie qui résonne avec leurs valeurs.

En outre, le déisme a joué un rôle important dans la promotion de la tolérance religieuse et l'acceptation de différents points de vue spirituels. L'accent mis sur un Dieu universel et impersonnel a permis aux gens de s'éloigner des divisions sectaires et d'adopter une vision plus inclusive de la spiritualité.

L'une des contributions les plus notables du déisme à l'histoire récente a été son influence sur la fondation des États-Unis d'Amérique. Les fondateurs de la nation américaine ont été fortement influencés par le déisme et ont incorporé des principes déistes dans d'importants documents nationaux.

La Déclaration d'indépendance, rédigée principalement par Thomas Jefferson, fait référence à la « loi de la nature et au Dieu de la nature », une conception déiste d'un Dieu qui gouverne l'univers par le biais de lois naturelles. Jefferson, qui était déiste, défendait la séparation de l'Église et de l'État et pensait que les individus avaient des droits inaliénables conférés par le Créateur, mais sans association à une religion organisée spécifique.

La Constitution des États-Unis, avec son amendement interdisant l'établissement d'une religion officielle, reflète également l'influence déiste. Les rédacteurs du texte constitutionnel ont reconnu l'importance de protéger la liberté religieuse et de permettre aux citoyens de pratiquer leurs croyances sans ingérence du gouvernement.

L'influence du déisme sur la fondation des États-Unis est évidente dans la vision d'un gouvernement limité, basé sur des lois rationnelles, qui n'impose pas de croyances religieuses spécifiques aux citoyens. Cette approche reflète les principes de liberté, d'égalité et de tolérance chers aux déistes de l'époque.

Le déisme n'a donc pas seulement façonné la pensée philosophique et religieuse, il a également eu un impact tangible sur la structure et la politique de l'une des nations les plus influentes du monde. Son héritage continue de se faire sentir dans les libertés civiles et la séparation de la religion et du gouvernement qui sont fondamentales pour la démocratie américaine et pour de nombreuses autres nations démocratiques dans le monde. Le déisme est sans aucun doute la philosophie qui transcende les âges et continue d'inspirer ceux qui cherchent à comprendre le divin d'une manière plus libre et plus réfléchie.

Chapitre 25
Déistes Célèbres

L'histoire a été positivement influencée par les actions d'esprits brillants qui, à un moment donné, ont partagé leurs actes et leurs philosophies avec l'humanité. Il est indéniable que ces esprits exceptionnels n'ont pas voulu se soumettre à des dogmes préétablis. Derrière les conceptions religieuses imposées par la force ou la conviction se cachent des histoires intrigantes, des machinations qui défient les stratèges les plus audacieux. Il est notoire que pratiquement tous les courants religieux ont leurs taches et leurs contradictions, ce qui rend compréhensible que des esprits brillants cherchent une conception de Dieu plus compatible avec leurs remarquables capacités intellectuelles.

Dans ce contexte, plusieurs personnalités se sont imposées comme des propagateurs du déisme, une philosophie religieuse qui a réussi à harmoniser l'esprit créatif de ces personnages uniques avec la spiritualité.

Parmi ces penseurs remarquables et leurs visions d'un Dieu déiste, les suivants se distinguent :

Isaac Newton (1643/1727) : Le physicien et mathématicien anglais est considéré comme l'un des plus grands génies de l'humanité. Formulateur des lois de la mécanique classique, de la gravitation universelle et du calcul différentiel et intégral, Newton s'est également consacré à l'étude de l'optique, de l'astronomie, de l'alchimie et de la théologie. Sa croyance en un Dieu qui a créé l'univers avec ordre et harmonie, mais qui n'intervient pas dans les affaires humaines, a façonné sa vision du monde.

Voltaire (1694/1778) : Ce philosophe et écrivain français est l'un des principaux représentants du siècle des Lumières. Défenseur de la liberté d'expression, de la tolérance religieuse, du progrès scientifique et de la lutte contre les superstitions, Voltaire a critiqué les religions révélées telles que le christianisme, le judaïsme et l'islam. Il défend l'existence d'un Dieu qui est la cause première de toute chose, mais qui n'est pas impliqué dans les affaires terrestres.

Thomas Jefferson (1743/1826) : Homme politique et homme d'État américain, principal auteur de la Déclaration d'indépendance des États-Unis, il était également architecte, inventeur, agronome et naturaliste. Jefferson adhère au déisme rationaliste, qui rejette les miracles, la divinité de Jésus et l'inspiration des Écritures. Pour lui, Dieu est le créateur des lois naturelles, mais n'intervient pas directement dans l'histoire de l'humanité.

Benjamin Franklin (1706/1790) : Scientifique et diplomate américain, Franklin a été l'un des chefs de file de la révolution américaine et a contribué à divers domaines, notamment la physique, l'électricité, la météorologie, la médecine et la biologie. Il était également journaliste, éditeur, écrivain, philanthrope et abolitionniste. En tant que déiste pragmatique, Franklin considérait Dieu comme la source de la moralité et de la vertu, sans qu'il soit nécessaire de recourir à des rituels religieux spécifiques.

Albert Einstein (1879/1955) : Physicien et philosophe allemand, Einstein a révolutionné la physique moderne avec la théorie de la relativité générale et a contribué à plusieurs autres domaines, notamment la mécanique quantique, la cosmologie, les statistiques et la philosophie des sciences. Il a reçu le prix Nobel de physique en 1921. Einstein était un déiste panthéiste, qui voyait en Dieu une manifestation de la beauté et de l'intelligence inhérentes à l'univers.

John Locke (1632/1704) : Philosophe anglais connu pour ses contributions à la philosophie politique et à la théorie de la connaissance. Locke croyait en un Dieu qui accordait des droits naturels aux individus, notamment la liberté et la propriété privée. Ses idées ont directement influencé les fondateurs des États-Unis.

Ethan Allen (1738/1789) : L'un des fondateurs de l'État du Vermont et chef de la milice connue sous le nom de « Green Mountain Boys ». Allen était un déiste et l'auteur du livre « Reason, the Only Oracle of Mankind » (La raison, le seul oracle de l'humanité). Ses idées ont influencé la pensée politique et religieuse aux États-Unis.

Ethan Allen Hitchcock (1798/1870) : Militaire, explorateur et auteur américain, connu pour ses expéditions dans l'Ouest américain. Hitchcock était un déiste qui croyait en Dieu en tant que Créateur tout en remettant en question les religions organisées.

Thomas Paine (1737/1809) : Écrivain et philosophe anglo-américain, auteur du « Sens commun » et des « Droits de l'homme ». Paine défend le déisme et la liberté religieuse, estimant que la religion doit être une affaire personnelle, non imposée par l'État.

John Adams (1735/1826) : L'un des pères fondateurs des États-Unis en tant que nation et le deuxième président du pays. Adams était un déiste qui croyait en un Dieu créateur, mais qui critiquait également les interprétations dogmatiques des religions organisées.

Ralph Waldo Emerson (1803/1882) : Philosophe, essayiste et poète américain associé au mouvement transcendantaliste. Emerson prône une spiritualité individualiste et non conventionnelle, influencée par le déisme et la pensée orientale.

Henry David Thoreau (1817/1862) : Écrivain, poète et philosophe américain, célèbre pour son livre « Walden » et son essai « La désobéissance civile ». Thoreau était un déiste qui valorisait le lien direct avec la nature et la recherche de la vérité spirituelle.

Remerciements

À ce stade crucial du voyage à travers le déisme, je voudrais exprimer ma profonde gratitude à vous, lecteurs assidus, qui avez suivi cette exploration des idées, des principes et de la philosophie qui sous-tendent cette vision du monde unique.

Nous vous remercions pour votre curiosité inébranlable, votre soif de connaissance et votre engagement à comprendre les complexités du déisme. Nous savons qu'il est souvent difficile d'explorer des concepts philosophiques et spirituels, mais vous avez persévéré.

Tout comme les pionniers du déisme ont remis en question les récits traditionnels et proposé une compréhension plus profonde de la divinité, vous vous êtes consacré à l'exploration de ces idées avec un esprit et un cœur ouverts. Votre recherche de la vérité par la raison et la pensée critique fait écho aux principes fondamentaux du déisme.

Nous vous remercions d'avoir participé à cette conversation et d'avoir contribué à la compréhension collective du déisme. Nous espérons que cette exploration a enrichi votre propre parcours spirituel et intellectuel.

Nos cœurs sont remplis de gratitude pour votre présence et votre engagement dans cette quête de compréhension du divin par la raison et l'observation. Puisse votre voyage continuer à être éclairé par la lumière de la sagesse et de la compréhension.

Avec notre sincère gratitude,

L'équipe Luan Ferr.

www.ingramcontent.com/pod-product-compliance
Lightning Source LLC
LaVergne TN
LVHW040056080526
838202LV00045B/3667